アンドレ・グリーン・レクチャー
ウィニコットと遊ぶ

アンドレ・グリーン［著］ ジャン・アブラム［編］　　鈴木智美・石橋大樹［訳］

ANDRÉ GREEN AT THE SQUIGGLE FOUNDATION

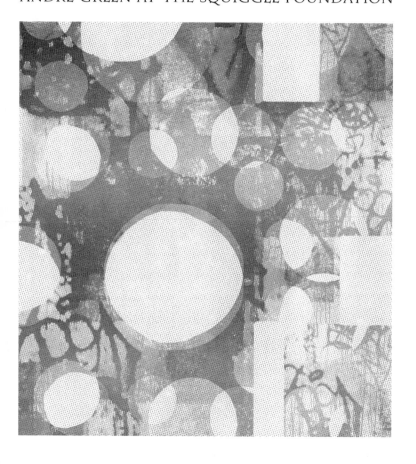

金剛出版

マリオン・ミルナーへの
追悼の意を込めて

日本語版に向けての紹介

　世紀が変わるときに私が編集した短編集を日本語に翻訳することを提案され，私は大変うれしく思っています。アンドレ・グリーンによる五つの講義で構成されたこの短い本は，現代精神分析における最も重要な概念を含んでおり，私の精神分析の道筋に大きな影響を与えてくれたものです。一冊の本として初めて日本語で翻訳されるグリーンの仕事が，日本の読者の皆さんに，興味だけでなく，多くのインスピレーションを与えることを期待しています。

　アンドレ・グリーンはフロイト派のメタサイコロジーにルーツがありますが，ドナルド・ウィニコットに多大な影響を受けていることを本書の概念から知ることができます。たとえば，彼が第一講で示した患者と分析家との間においては，人間の精神における不在の意味の様相が，非常によく展開されています。この症例は今日でもなお精神分析の研究において最も喚起的な臨床例の一つです。彼の仕事においては，常にエディプスのテーマが示されていますが，生まれたばかりの精神に対して母親が与える影響力——それはウィニコットが強調した臨床的なパラダイムでもあります——は，グリーンの仕事に常に内在していると言えます。そして第二講と第五講では，「ネガティブの作業」や「対象をこころに持っていなければ，愛を語ることはできない」という，対象関係の文脈における愛の意味といった新しい概念をもたらしたテーマについて詳しく述べられています。

　「一人の赤ん坊というものはいない」に対して，グリーンは「単体の赤ん坊－母親というものはいない」ことを強調していました。第三講での三者性の概念は，ウィニコットが母親と赤ん坊について強調したことと，フロイトが父親の役割を強調したことを統合していると私は考えます。これは，緒言のなかで私の立ち位置を示したように，赤ん坊の精神の発達に関する母親の役割と力，そして精神の作業に含まれる母親的なものと父親的なもののあい

5

だを行ったり来たりする力を理解する分析家の役割について，多くの論点を読者に委ねることでしょう。

　この小さな選集が，日本の精神分析の研究のなかで，発展してきた現代の精神分析パラダイムに貢献するであろうことをこの上なく幸せに思います。

　2018年ロンドンにて

ジャン・アブラム

謝　　辞

　スクウィグル財団は，ウィニコットの考えを応用し，精神分析や精神医学，教育，健康，福祉にまたがって広める目的とともに，彼の仕事についての研究と理解の普及を行っています。"ウィニコット派のアプローチ"の普及によって，文脈にとらえられて決まったことのようにみえたり，実際に決まったものとなったりしていることから自由になるために，ウィニコットの仕事を見直すとともに，〈ウィニコットの〉概念を再提示し発展させ，方向づけ，挑戦を行おうとする人々の仕事について探求していくことにもかかわっています。この方法を通じて，私たちは，彼の重要で卓越した"ほど良さ"の概念と定式化を再述し，あらゆる関係性における，"強さと弱さ"の両方に敬意を持ち続けることができます。

　英国精神分析協会は，2015年9月に「精神分析のグリーン化（繁衍）：アンドレ・グリーンに敬意を表して The Greening of Psychoanalysis: An Homage to André Green」と題した会を開き，アンドレ・グリーンの長きにわたる貢献を称えました。これと関連して，ジャン・アブラムは，グリーンが1987年から1996年の間にスクウィグル財団で行った公開レクチャーに加え，1997年にミラノで行われた国際精神分析学会大会での『遊ぶことと現実』の出版25周年記念で発表された講演論文を編集，改訂した本書を出版しました。スクウィグル財団の理事と会員を代表して，ジャンの仕事に深く感謝を述べたいと思います。彼女は，2000年の本書の初版の際には監修をしておりますし，この新しい版の出版にあたっては，大変な注意を払って，勤勉に仕事をこなしました。カルナックブックスのオリバー・ラズボーンならびに彼のチームは，私たちのプロジェクトを支援し続けてくれています。この版が成就したことを含めて，彼らに感謝いたします。

スクウィグル財団 代表　エイドリアン・サットン教授

著者と編者について

　アンドレ・グリーン（1927-2012）は，フランス精神分析協会の訓練分析家，スーパーバイザーであり，パリの協会では，前会長と理事を務めました。現役時代には，国際精神分析学会副会長，ロンドン大学のフロイト記念講座教授，ブエノスアイレス大学の名誉教授，モスクワ人文学研究アカデミー研究員，ニューヨーク科学アカデミー研究員，英国精神分析協会名誉会員など多くの国際的な役職を歴任しました。

　グリーンは膨大な論文，少なくとも30冊以上の著書の著者でもありました。はじめて英語に訳された本は，論文集『内なる狂気について On Private Madness』（フランス語では1973年に出版）でした。これに続いて，『悲劇の所産 The Tragic Effect』，『精神分析的対話における感情の織地 The Fabric of Affect in Psychoanalytic Discourse』，『ネガティブの作業 The Work of the Negative』などの数冊の本が英語に翻訳，出版されています。彼の仕事の本質は，精神分析に重要な寄与をもたらし，発展している精神分析研究に多大なインパクトを与え続けています。

　ジャン・アブラムは英国精神分析協会の訓練分析家，スーパーバイザーです。彼女は1989年から2000年の間スクウィグル財団に勤め，1996年から2000年の間，財団の代表をしていました。『ウィニコット用語辞典 The Language of Winnicott』の著者でもあります（初版が1996年，1997年に優れた学術書として受賞し，2007年に第二版を出版）。そして『ドナルド・ウィニコット トゥデイ』の編者でもあります（精神分析現代叢書，2013年）。現在彼女は，英国精神分析協会の科学委員会の議長，タビストック・クリニックの客員教授，ロンドン大学の名誉上級教授，エセックス大学の名誉教授を務めています。そして2016年に日本の京都大学の客員教授になりました。彼

女は英語とフランス語の両方において多くの論文を著しています。論文選集
『生き残っている対象：心的生き残りに関する精神分析論文集 The Surviving
Object: Psychoanalytic Essays on Psychic Survival』が出版される予定です。

編者の前書きと謝辞

1998年11月22日に，スクウィグル財団は，70歳になったアンドレ・グリーンの功績を称える会議を開催しました。午前中にマイケル・パーソンズとジュリエット・ミッチェルが話し，グレゴリオ・コーエンが午後のセッションで紹介と司会を務め，グリーンは午前に発表された論文に関してその場で講演をされました。それは，素晴らしく，忘れがたい会議となりました。この後すぐに，当時カルナックブックスのオーナーをしていたチェザーレ・セイサードッティが，スクウィグル財団のモノグラフシリーズでのグリーンの選集出版のアイデアを私に持ちかけてきました。グリーンはこのアイデアにとまどっていました。彼がスクウィグル財団で行った講演は四つしかありませんでしたし，1996年のウィニコット生誕100年記念講演に準備のために執筆されていたのは，「ウィニコットの遺稿：『人間の本性』について」しかなかったからです。それ以外の三つの講演は，グリーンの膨大なノートから自由に語られたものでした。私たちはそれぞれのレクチャーを録音しており，既に書かれていた生誕100年記念のレクチャーに沿って，彼はただその文章を校訂，修正し，追加するだけで良いように，私がそれらを編集することを彼に説明しました。グリーンは十分には乗り気ではありませんでしたが，取りかかりの第一歩には同意してくれました。

1999年早々に，最初の三つの講演録から始めました。このモノグラフの最初の三つの講となっています。最初に，キャロル・リー＝ロビンズが，録音された講演のテープ起こしを担当しました。それが，編集作業をはじめるための「原資料」となりました。困難で時間を要するものでしたが，この作業は私には魅力的なものでした。というのは，私はアンドレ・グリーンの考えることを理解すべく奮闘しながら，そのテキストを徹底的に探求する機会を得られたからです。

グリーンは1965年に分析家となり，フランス語ではすでに多くの論文と本を執筆していましたので，レクチャーのテーマがとてもスムーズに運んでいることは驚くには値しないでしょう。彼がその場で講演する達人であることは有名なことでした。ロジーン・ヨーゼフ・ペレルバーグによる追悼記事によれば，2007年（グリーンが80歳になった年）のある週末に，彼は9時間にわたって死の本能のテーマについて話していたとのことです（Perelberg, 2012）。私の編集作業では，文章にすることとパラグラフを創出する必要がありました。

　明記しておくべき重要なことは，文言や文章で校訂すべきところは，印刷前にグリーンがすべての文言を細心の注意を払ってチェックしていることです。それぞれの講演における流れは，まったく変わっていませんでした。

　私が四つの講演を納得した形で編集し，若干の懸念はありながらもすぐにグリーンにそれらを送りました（当時はまだ電子メールでの送付が郵便で送るほど一般的ではありませんでした）。私は彼が私の編集した仕事に，どのような反応をするだろうか，彼は果たしてその講演記録を自分のものだとわかってくれるだろうか？と不安に思っていましたが，彼がこの選集について喜び，とても乗り気になってくれたことに，私は安堵しました。さらなる編集と校訂をして，出版原稿が準備されたのですが，まさに出版しようとしたときに，アンドレから，五番目の論文を追加することを提案してきました。「『遊ぶことと現実』におけるネガティブの直観」です。それは彼が『遊ぶことと現実』（1971b）の出版25周年記念に書いたものでした。その論文は既に1999年に二度——一度目は国際精神分析学会誌と，二度目はグレゴリ・コーエン編による『デッドマザー：アンドレ・グリーン論文集 The Dead Mother : The Work of André Green』——公表されたものでしたが，チェザーレ・セイサードッティも私も，このウィニコットの仕事へのオマージュが選集の質を高めるだろうと意見が一致しました。こうして本書 André Green at the Squiggle Foundation は，2000年にようやくウィニコット研究叢書の三番目のモノグラフとして出版されました。

　フランス語ではグリーンの著作集が多く出版されているにもかかわらず，イギリスでの出版後すぐにこのモノグラフはフランス語に翻訳され，『ウィニ

コットと遊ぶJouer avec Winnicott』というタイトルでフランス大学出版局Presses Universitaires de Franceより2005年に出版されました。その〈フランス語〉版は，順序が異なっており，この選集の第二講「対象と主体」は削除されています。おそらくはその講演がイギリス人の聴衆に特化したものだったからでしょう。その部分はアンドレが後に書いた「移行しているウィニコット：フロイトとメラニー・クラインの間でWinnicott in Transition: Between Freud and Melanie Klein」と題された新たな論文に置き換えられていました。このモノグラフの他の四つの講演は，マルチーヌ・ルシアとクレア＝マリー・フランソワ＝ポンセによってフランス語に翻訳されています。フランス語版の序文において，グリーンはこのフランス語版の選集は，本書の再洗礼だと説明しています。続けて彼は，『ウィニコットと遊ぶ』は，「……精神分析のこの偉人の仕事に，異なる道筋で，間違いなく再訪する旅の一つの過程です。やがて批評家はウィニコットの独創性と才能を認識するでしょう。しかし人は音楽よりも速く進むことはできないものです」（Green, 2005, p.xii）と述べています。

　グレゴリオ・コーエンとロジーン・ヨーゼフ・ペレルバーグが，英国精神分析協会の科学委員会にアンドレ・グリーンについての会合を提案すると，大いに歓迎されたものです。すでに2000年に，アンドレ・グリーンは協会の名誉会員となったときに招かれたことがありました。私がこの時にその科学委員会の議長をしていたのは，本当に偶然なことでした。本書の謝辞で，スクウィグル財団の現ディレクターのエイドリアン・サットンがすでに述べているように，「精神分析のグリーン化（繁衍）The Greening of Psychoanalysis」は英国精神分析協会の科学委員会が企画した会であり，2015年9月にメイダー・ヴェールの英国精神分析協会にて開催されました。その発表者は，リッツァ・グティエレス＝グリーン，グレゴリオ・コーエン，マイケル・パーソンズ，ロジーン・ヨーゼフ・ペレルバーグ，ジェド・セコフ，フェルナンド・ウリバリと私でした。

　本書の初版を出版して15年経ったことを実感し，このモノグラフを改定するにはちょうど良い時だと思い，私は初版の序文を修正しました。エイドリアン・サットンとスクウィグル財団の理事およびカルナックブックスの前オー

ナーのオリバー・ラズボーンには，私の提案に賛同していただき，感謝します。

この改訂版では，2000年の初版のためにグリーンとの協議の下で準備されたように，オリジナルの五講が正確に，すなわちプレゼンテーションの時系列順に掲載されています。追加では，序文での若干の修正と「著者と編者について」の情報の更新が含まれます。この新しい「前書きと謝辞」が追加され，「編者の序文」を，グリーンによるウィニコットの偉業を発展するやり方を際立たせるためにやや補足しています。またグリーンの心的発達における父親の役割に関する研究が，ウィニコットの示した新生児における全体対象としての父親の非常に遅い登場へと，私の注目をいかに向けさせたかについて短い言及をしました。このことは長年にわたり，私の分析状況における父親的に機能することと心的変化についての理解に影響を与えています。しかしながら，基本的に私の「序文」は，このモノグラフの五つの講演に示されたグリーンのテーマに関する短い紹介のままです。

ウィニコットの仕事は精神分析の研究においてますます認知されてきていますが，特にこれまでの15年のうちに，グリーンがフランス版（『ウィニコットと遊ぶ』）の前書きの結びで述べているように，ウィニコットの才能がまだ完全に理解されていないということに私は同意します。私はこの新たに改訂されたモノグラフが，グリーンのレンズを通して，ウィニコットの思索についての継続的なさらなる研究と，その質が高くなることを促進させるようなものになることを望みます。グリーンは確かに彼のウィニコットを知っています。それは彼が学問的な配慮を持って読んだということです。彼は，スーパービジョンや教えること，語ること，書くことにおいてとても刺激を与えてくれる人でした。再びロンドンに彼がやって来ることを楽しみにしていた私たちの多くは，彼が2012年1月に亡くなったことを今でも非常に悲しく残念に思います。彼の作品を読むことに決して飽きることはありませんし，私の精神分析の理論と実践について進展するアイデアを引き続き育て続けてくれるでしょう。

ジャン・アブラム

編者による緒言

ジャン・アブラム

不在と一粒のチョコレート

　アンドレ・グリーンは，1987年3月3日にスクウィグル財団で最初の講演を行いました。スクウィグル財団の創設者で初代の責任者であるアレキサンダー・ニューマンは，聴衆にグリーンを紹介しました。フランスでは，70年代にはすでにほとんどの彼の論文が出版されていますが，英語では『内なる狂気について』（1986年）という題名の本が出版されており，書店で入手可能だということが伝えられました。ニューマンは魅力的ですがくせのあるユング派の分析家で，この説明の時に，その本を"はじめからおわりまで，多くは理解できませんでしたが大変興味深く"読んだと付け加えました。この発言は，ニューマンのさりげないユーモアのセンスに慣れた人々には微笑と笑いを誘いましたが，ニューマンやスクウィグル財団に馴染みのない人々には訝しげな表情をもたらすことになりました。

　けれどもグリーンはまったく動じずに，眼鏡越しに笑みもなく，ニューマンをただ見ているだけのようでした。グリーンがどんな返答をするのだろうと，一瞬空気は危ぶまれたのですが，一呼吸してまるでリハーサルでもしたかのように，「おそらくアレキサンダー・ニューマンは，この本をほとんど興味はなかったけれども理解はできたと本当はおっしゃっているのでしょう！」と述べたのでした。グリーンのこの返答に聴衆は満足しました。グリーンは聴衆のほうを向いて，「この講演の後に，理解と興味に関して皆さんがどんな反応を示されるかわかりませんが，私自身はまあまあの興味では理解するのは難しいのです」と述べたのでした。聴衆には，自然と笑みがもたらされリラックスしました。

この録音された忘れがたいやり取りでの，ニューマンへのグリーンの独特な返答は，グリーンらしさを映し出しているように私には思えます。第四講の冒頭で，彼が「ウィニコットと私は，少なくとも講演をすることを楽しんでいるという意味で，一点は共通しています」（p.101）と述べているように，彼は偉大なエンターテイナーであって，聴衆を楽しませることを好んでいました。グリーンが楽しんで講演を行っていることは大変明らかなことでした。彼は，精神分析への情熱と理解をもって，卓越した科学的議論を楽しんでいました。

　1987年3月3日の最初の講演は，「精神分析臨床における経験と考えること」と題され，1時間半の間，誰一人席を立たなかったことを覚えています。興味という言葉だとあまりに控え目になりますが，私たちはすっかり魅了され，好奇心が刺激され，うっとりとしていたと思います。いくつかのテーマがありましたが，理解という点では，私たちにはよくわからないものがありました。私は，アレキサンダー・ニューマンとアンドレ・グリーンのプレイフルなやり取りの中で，それとなく仄めかしていることがこれなのだとわかるようになりました。精神分析の領域においては，フランスとアングロサクソンとでは，かなり異なった文化があります。

　新しい話し手によるフランス精神分析という馴染みのない側面から，馴染みのある精神分析のトピックについて，私たちはそこから何を，そして何故それを持ち帰ったのでしょうか。私には，ある印象をもって，その講演の記憶を持ち帰ったことが想い出されます。グリーンは疑いなく経験豊かな分析家で，フロイト学派でありながら，非常にウィニコットに関心を持ち，ウィニコットをしっかりと読んでいる人でした。彼はさりげないユーモアのセンスを通して，人としての暖かさを，患者の傷つきに対する敬意をもった深い思いやりを伝えていました。私の凡庸な記憶によれば，グリーンはパリのアパートメントで生活し仕事をしており，昼食後の一粒のチョコレートを好んでいたということです。この最初の講演のテキストを検討するようになった時，グリーンの論文の中で，「ネガティブ」の概念を説明している臨床素材のある局面と私の記憶とが関連していることがわかりました。

　グリーンは，外での昼食から戻った時に，患者とアパートメントの玄関で

遭遇しました。二人は一緒にエレベーターに乗り，彼は彼女を待合室に案内しました。セッションが始まる２分前に，グリーンは一粒のチョコレートを食べにキッチンへと向かいました。彼が時間通りに患者を案内に来た時に，彼女が最初に言ったことは「チョコレートを食べましたか？」というものでした。患者は，彼が不在だった２分の間に分析家はいったい何をしているのだろうかと気をもんでいたのです。グリーンと患者との間での，この一見ありきたりな出来事は，それ以前のセッション（p.43）における，やがて来る休暇の案内と合致していました。この臨床素材は，フロイトの「否定」の理論と関連した，グリーンの「ネガティブ」の概念の発展を見事に例示しているものです。グリーンは「ネガティブ」について二つの様相があることを指摘しています。一つは破壊と排除であり，それは洞察と分析設定への攻撃として示されます。もう一つは，ネガティブの作業であり，それは無意識的な光景を意識へと導く，まさしく精神分析治療のプロセスを構成しているものです。グリーンと患者との間でチョコレートをめぐって生じたことは，患者にとって，心的変化を示すような新しい動きを促すものでした。「患者がセッションの中でこころの動きの感覚を経験できたときだけ，セッションの外の世界でこころを動かし，〈そのこころが〉働くことが持続できるのだろうと私は考えます」。（p.46）

　グリーンは反復についてもエナクトメントについても語ってはいませんが，「実現化 actualization [原注1]」について語っています。グリーンによれば，どの患者との分析経験においても，分析関係の中に患者の内的構成を示す実現化を伴うものだとのことです。「分析家と被分析者との二人の間で起こっていることは，個人の中に構成されている歴史のあり方がどのように動いていて，どのように作用しているかという歴史的なプロセスです」。（p.32）

　グリーンは歴史的プロセスを次のように定義しました。

　　精神にとって，歴史的プロセスとは以下のものの組み合わせとして定義

［原注1］ジョセフ・サンドラー博士は，長きに渡りアンドレ・グリーンと同僚であり，友人でしたが，彼もまた「実現化」を感情と役割応答性の概念の探求に用いていました。

されます。

　　　──起こったこと。

　　　──起こらなかったこと。

　　　──起きたかもしれなかったこと。

　　　──私にではなく，誰かに起こったこと。

　　　──起こらなかったかもしれないこと。

　　　──そして最終的に──起こったことに関するあらゆる選択肢を要
　　　　　約するために，実際に起こったことの表象として，夢にさえ見
　　　　　なかった言明。(pp.32-33)

　過去とは一体何でしょうか？　フロイトに従い，アンドレ・グリーンが強
調したのは，精神分析において過去などというものはなく，過去は，主体が
こころを砕いて為してきた出来事から構成されているということです。そし
て分析状況は，その患者の無意識的な構造の実現化を促進します。

フランスとイギリスの精神分析

　　「……あなたが対象をこころに持ち合わせていなければ，
　　愛について語ることはできません」(p.60)

　1989年にスクウィグル財団の二代目の所長となったニナ・ファーヒは，1990
年6月2日に，第2回公開講座のためにグリーンを招聘しました。この時まで
には，アンドレ・グリーンはロンドンの精神分析コミュニティにおいてかな
り知られており，その講座のチケットはすぐに完売しました。ファーヒは，
この講演の紹介において，フランスとアングロサクソンの分析文化の違いに
ついて，イギリスでは経験主義とプラグマティズムを尊重し，フランスでは
主知主義と抽象概念を尊重していると述べました。またファーヒは，グリー
ンの仕事がいかに明快であるか，そして2年前の彼の講演において，ウィニ
コットの仕事の深い抽象概念をグリーンが認識していたことを評しました。
まるで1997年に書かれたグリーンの論文（本書の第五講）を予期していたか

のように，ファーヒは，『遊ぶことと現実』（1971）が「両文化の流れを内包する，精神分析の分野における最も基本的な仕事の一つである」と付け加えました。このことに関して「対象と主体」と題された講演では，グリーンは対象と主体の関係性の性質についてさらなる推考を示しました。講演は，イギリスの聴衆に向けられていて，「対象と主体」という用語は，イギリスとフランスの精神分析ではそれぞれで異なって展開されているので，その道のりの考察から始まりました。はじめに，英語に訳されるフランス語の注釈を書く際に，ある問題が起きたことを話されました。そして「自我を自分とみなしてしまう」と言いたかったのが，「自我は自我それ自体を自分と間違える」と翻訳された例を挙げました。自我はパーソナリティの総体ではなく，「……フロイトが自我をパーソナリティの一つの審級とみなし始めた時から，理論は途方もなく飛躍している」（p.49）とグリーンは指摘しました。この話を述べた直後に，彼の考えでは「心的構造全体は『三者性』に基づいている。（これはまた別の講演のトピックになります）」（p.50）とわざわざ鍵カッコに入れたのでした。そして，実際に1年後，3度目の訪問でスクウィグル財団の聴衆に向けて「三者性について」という講演を行いました。2回目の講演では，ウィニコットの考えに関連した多くのテーマが含まれています。グリーンは，常にスクウィグル財団の聴衆に向けて話しているということを心掛けていました。そして，私の記憶では，アンドレ・グリーンは私が聴いたスクウィグル財団に訪れた全講師の中でも，ウィニコットの仕事をより深く完璧に研究している数少ない人物の一人でした。たとえば，この2回目の講演において，ラカンとウィニコットの重要な理論的関連を示しています。主体は「……大文字の他者との関連を作るための必要条件である」という概念化は，ラカンに拠るところであるとグリーンは述べており，そして以下のように続けています。

　　構成されているものと達成しようとしているものについての主体の認識は，もう一つの主体，すなわち大文字の他者に認識されない限り存在しえないのです。そのもう一つの主体である大文字の他者は，欠落しているものに対応していることが特徴であり，主体が苦闘しても統合でき

ずに，また，いくつかの小片――その歴史の断片――を寄せ集める能力
があります。（p.53）

　グリーンによれば，この「認識」という概念は，フロイト，クラインのどち
らの研究にも存在しておらず，「……ウィニコットの仕事がこの概念の説明を
した」とのことです。グリーンは，ここにウィニコットの概念的な革新に称賛
を示しています。ウィニコットの仕事の着想としての「認識」の概念は，彼
の論文「子どもにおける母親と家族の鏡としての役割」（『遊ぶことと現実』の
第9章）においてまさに最初から存在し，結晶化しています。この論文では，
ウィニコットは個人の「歴史的過程」を知覚から認知に向けて，対象関係か
ら対象の使用に向けての活動であるとみなしています。けれども，この発達
的な達成は，無力な状態の赤ん坊を認識することができる母親／大文字の他
者m／Otherによって見られ，受け入れられることによって生じるのです。

　　私がまなざしを向けるとき，私は見られ，そうして私は存在する。
　　いまや，私はまなざしを向けることも，見ることもできる。
　　今，私は創造的にまなざしを向け，そして私が統覚するものもまた知
　覚する。
　　実際，私は（疲れていない限り）そこでは見られないものを見ないよ
　うに気をつける。（Winnicott, 1971a, p.114）

　この2回目の講演の終わりには，グリーンの考えは三者性の概念と，父親
の重要性に向かっていました。彼は，まるで私たちが忘れてしまってきたよ
うな，精神の構造における遊ぶことのきわめて重要な役割を父親が持ってい
るということを，このセミナー（とイギリス）の聴衆に喚起しました。「ラカ
ンが強調したことですが，父親の機能は，子どもと母親の身体を分ける行為
者であることです」。（p.67）けれども，ウィニコットが後期に示しているの
は，分離させる父親に先行している異なった父親が存在しているということ
であり，このことは第3回目の講演で語られることになります。

三者性について

「これが問題の要点です。つまり，一日目にはこの楽園は終わりを迎えねばならず，二日目には一つであった二人が二つとなり，別々のままになります。これが，第三が必要とされる理由です」（p.94）

　ニナ・ファーヒは，2回目の講演で展開したテーマについて議論するために，アンドレ・グリーンに3度目の招聘を行いました。そのテーマが三者性です。この講演はかなり期待され，1990年6月の講演から1年もたたない1991年5月末に予定されました。チケットは再びあっという間に完売しました。
　この3回目の講演で，グリーンはウィニコットが「一人の赤ん坊というのは存在しない」と明言していることに対して，「単体の母子関係というのは存在しない」（p.74）と述べて，議論を促しています。彼は，19世紀の記号論学者であるチャールズ・サンダース・パースの考えをフロイトやウィニコットに統合し，新しい精神分析対象，三者性なるものを創造しています。この彼の講演の多次元的な質と複雑さは，三者性の本質，すなわち象徴化と，考えることの技巧the art of thinkingを示唆するものです。この論文集の第一版で，私は紹介文に，この講演記録を熟読しながら『精神分析的探求』（1989年）において，ウィニコットの死後に初めて公表された「『モーゼと一神教』の文脈における対象の使用」（1969年）の論文を思い出したということを書きました。ウィニコットは次のように書いています。

　　「母親は一つの部分対象として，あるいは複数の部分対象の凝集として始まるので，父親がそれと同様の自我の掌握を受け継ぐと仮定することはやさしい。しかし好ましい状況では，父親は全体として動き始め（すなわち母親の代理人としてではなく，父親として），後には重要な部分対象と考えられるようになるということ，自我組織や赤ん坊の心的な概念化において，父親が統合体として動き始めるということを始めることを私は示唆したい」（Winnicott, 1969, p.243）

そして続けて2000年に私は，ウィニコットが決して赤ん坊の健康的な発達のための三者性の重要性を否定しなかったことを述べました。しかし，ウィニコットが母親について意見を言い過ぎた（Winnicott, 1957）と1957年に告白したように，この重要なことは忘れられやすいのです。単体の母子関係というものは存在しないという，グリーンのウィニコットへの当意即妙な言葉に引き込まれて，ウィニコットの最晩年の仕事における「統合」の概念に，私の興味は惹きつけられたのでした。

　興味深いことは，2回目の講演の中で聴いたように，グリーンは，ラカンの主眼点を踏まえて，父親の重要性は母親の身体から幼児を分けることであると述べています。ただ，この3回目の講演においては，グリーンはウィニコットの仕事に続けて，最早期において赤ん坊の視点からは異なった対象として父親は存在していないけれど，母親のこころの中に**潜在的な三者**として存在していることを通して，父親は存在しているとのことをはっきりさせています。

　　「……これは母親のこころという場所に内的に存在している父親から，
　　父親がその表象と同様に子どもの認識の中に実在する存在になるという
　　旅なのです」（p.77）

　ウィニコットの早期の発達過程の概念をたどってグリーンがここで述べているのは，母親のこころの中の父親は，**潜在的な三者性**を構成していて，それは子どもが大文字の他者を（より早期段階で知覚するというより）認識することができるときに，（おそらく環境を援助するという文脈において）有効な三者性へと導くだろうことです。すなわち，エディプス段階に達する能力というものは，発達的な達成です。続けて，父親が母親のこころの中（だけ）にいる（潜在的三者性の）時の精神発達段階においては，父親は「対象以外のもの」であり，主体でもないとグリーンは述べています（p.76）。グリーンは，第三の要素は父親という人物に**限定される**ものではなく，象徴でもあると主張しています。そしてまた，グリーンはラカンの父親的メタファー（Lacan, 1956-57）の概念に敬服していることを述べています。

グリーンの「対象以外のもの」とウィニコットの「統合」とを結びつけることが，私の新たな提案です。私は，ウィニコットの概念が「早期の父親」の概念に匹敵していると考えます。（ほどよい）母親を通して，母親のこころの中の父親は，私が思うに，彼女の両親イマーゴと結びつき，それは赤ん坊の発生期の精神へと伝達されます。つまり，発生期の精神の中で，それは「統合」していき，種のように両親イマーゴに育つ可能性を秘めています。統合は，幼児にとって，全体対象としての父親への最初のおぼろげな感覚であると主張したウィニコットをなぞって，私は，「統合」とは**父親的なもの**だと思います。これがウィニコットの晩年の主張であるというのが私の解釈であり，私が「父親的統合」の概念を提唱する理由です。この父親的統合は，父親の精神と身体とが母親の精神と身体との精神的・性的な交流を**通して**，父親の精神と身体から生じます。分析経験における同時性ゆえに，分析家のこころの中の三者性が，精神分析的治療の父親的機能を促進させることを，この議論を発展させて私は主張しました。こうして分析家の父親的な機能を**発動させる**能力が，ひるがえって分析的な二人の精神的な変化へと導くのだと思われます（Abram, 2015）。

『人間の本性』について

1996年6月29日に，グリーンは4回目の講演「ウィニコットの遺稿：『人間の本性』について」を行いました。この最後の講演は，ウィニコットの生誕百周年のお祝いの六つの講演のうちの一つでした。それは，リージェンツカレッジでの，400人以上の満席の聴衆との他とは異なる忘れがたいものでした。グリーンは，ウィニコットの精神分析への多大なる貢献に最大の敬意を払いながら，没後に出版された『人間の本性』（1988）を提示し，フロイトの『精神分析概論』（1940a）とそれを対比させました。グリーンは「……語られなかったことと公表されたものとの間にある**移行的**な著作」……「この本は……テキストであって，テキストではない」……「未完成交響曲の断片」であると書いています。彼は『人間の本性』を読んだ後に，二つの結論に至ったということから語り始めました。一つ目は「いかにドナルド・W・

ウィニコットの要約がフロイトの仕事の継続であったか……フロイトを放棄するのではなく，むしろフロイトの仕事を完成させた」ということ。そして二つ目は，グリーンが，ウィニコットがいかに自由な思索家であり，「英国精神分析協会における独立学派の真の指導者」（p.102）であるとみなしていることでした。

フランスのウィニコットのような

アンドレ・グリーンは，ウィニコットの遺作本〈『遊ぶことと現実』〉出版25周年を祝うミラノでのカンファレンスのために「『遊ぶことと現実』におけるネガティブの直観」を執筆しました。ウィニコットは，全集に取り掛かっていたのですが，1971年1月25日に亡くなり，その最終巻の出版がその年の後半であったために，『子どもの治療相談面接』（1971c）とともに，それを見ることがなかったのでした。

　グリーンがこの論文をこの論文集に含めたのは，自身の「ネガティブ」の概念に影響を与えてくれたウィニコットに敬意を払ってのことだと理解されます。グリーンは，この講演の最初に，『遊ぶことと現実』のウィニコットは，特に不在，喪失，移行現象に関連した閃きを持っていると語り始めています。この論文には，ウィニコットに治療を受けたことのある患者をグリーンが診たという特殊な臨床提示が含まれています。その患者が，グリーン先生は「フランスのウィニコットのようだ」と言ったことがありました。

　困難な地理的状況の下でこの患者との作業を始めた後，グリーンはこの人が，「移行対象と移行現象」（『遊ぶことと現実』の第1章）[原注2]」の論文の2番目と最後のセクションで語っていた患者であることがわかりました。そのウィニコットの臨床例では，こころに他者を留めておくことができない患者であると例示していました。この患者にとっては，分析家は，そこに**存在する以上には現実感を持つことのできる存在ではありませんでした**。ウィニコッ

[原注2] この臨床例は，1951年に初めて発表されたものですが，1953年の国際精神分析雑誌に掲載されたオリジナルの論文には含まれていません。

トは，『遊ぶことと現実』の第7章において，乳幼児の発達のこの印象的な段階を理論化しました。そこでは，母親が自身の不在のタイミングを以下のような方法と関連させて，内在化のプロセスを鮮やかに描写しています。

「まず，母親が存在するという感覚はX分持続するものとする。もし母親がX分以上に離れていると，母親のイマーゴは消滅し，それとともに，赤ん坊の結合の象徴を使用する能力は途絶えてしまう。赤ん坊は苦痛の中におかれる。しかし，母親がX＋Y分のうちに帰ってくるならこの苦痛は直ちに**修復される**。X＋Y分の以内であれば，赤ん坊は変化を起こしはしない。しかし，X＋Y＋Z分であれば，赤ん坊は傷つきはじめる。X＋Y＋Z分後に，母親が戻ってきても，変化した赤ん坊の状態は修復しない。外傷とは，赤ん坊がその生の連続性に亀裂を経験したことを意味している。したがって，「想像を絶する不安」の反復あるいは，発達最早期の自我構造の崩壊によって起こる急性混乱状態の再現を防衛するために，原始的な防衛が組織され始める」（1971b, p.97）

本書の第五講では，グリーンは，ウィニコットの後期の仕事への敬意とその恩恵を受けていることをさらに示しながら，母親の不在がもたらす内在化の問題への赤ん坊の敏感さに，ウィニコットがいかに的確な調整をしているかを探求し，論じています。グリーンは，これらの考えを彼の「ネガティブ」の概念に発展させて，スクウィグル財団での最初の講演において論じていました。

ウィニコットのフロイトとクライン二人との対話は，彼の秀逸な臨床的な革新に導きました（Abram, 2012）。すべての講演において，アンドレ・グリーンとウィニコットとの創造的な対話は，今日の私たちの精神分析を豊かに際立たせ，深めています。

目　次

アンドレ・グリーン・レクチャー

ウィニコットと遊ぶ

精神分析臨床における
経験と考えること

この講演タイトルを決めてから，私はなぜこのタイトルにしたのだろうかと自問していました。それは，ウィニコットに関連するスクウィグル財団のみなさんにお話ししなければならないからなのでしょう。彼のことをよく知っている人々から知りえることでもありますが，彼の仕事は，このタイトルに含まれる二つの言葉に要約されています。つまり，分析作業の「経験」，これはいかなる分析の作業にも欠かすことのできない設定の中でのことになりますが，そうした経験と，ウィニコットがとても大切にしてきている「考えること」，この二つをどのように一つに統合していくかということです。

ウィニコットが偉大な思想家であったことは，誰もが認めることでしょう。しかし，彼はいくぶんのびのびした思想家でもあったと思うのです。彼にとって「考えること」は，深く「経験」と結びついたことだと思います。ですから，彼の仕事が私たちに多くの考えを示してくれたとしても，彼が「考えること」の正確な理論を与えてくれることはありません。たとえば，ウィニコットとともに私たちになじみのあるビオンの仕事のような理論を，です。分析家としての私たちは，患者とともに経験することの中に結びついていること

このスクウィグル公開レクチャーは，1987年3月3日に，ノースロンドンのプリムローズヒル・コミュニティーセンターで行われたものです。

は確かなことですし，この経験の中で何が起きているかという意味はわからなくとも，私たちは経験を知覚し，それについて語ることができます。たとえ，私たちに理解できないままだったとしてもです。

　経験は，「実現化actualization」であると言えるものでしょう。他のものは紛らわしいと思うので，この用語こそが好ましいと私は考えます。精神分析の経験は過去の反復なのか，創造的な，すなわち精神分析状況によって生み出されたまったく新しい，しかもその状況から離れたら存在しえない何かなのかという議論がなされてきました（Freud, 1937d）。この議論に中立的であるために，私はそれを「実現化」と呼ぶのが好ましいと思っています。そしてこの「実現化」における経験は，その人の歴史的本質を伴ってなされるものでしょう。ここで意味していることは，反復であるとのフロイトの言明から現在の私たちがほんの少し前進しているということであり，私たちは分析的経験が記憶の回復，あるいは幼少期の失った記憶の追体験という言葉で語られるだけでは不十分であることを知っていますし，この経験で起きていることはすでに歴史的プロセスを伴っているのです。分析家と被分析者の二人の間で起こっていることは，個人の中に構成されている歴史のあり方が，どのように働いていて，どのように作用しているかという歴史的なプロセスです。そのため，記憶を回復する語りというよりも，むしろ被分析者が，歴史的何かに立ち会うという分析関係の中で，その瞬間の感情を抱きます。それは分析家のあなたが，ある瞬間に歴史的な何かが起きているという感覚を持つような出来事に立ち会ってきたのと同じようにです。

　歴史的なものとは，精神分析においては，とても扱い難いものです。現在，他の乳児研究と同様に，子どもとの精神分析的な作業も多く行われています。ただ，ここで明確にしたいのは，精神について言えば，それが，歴史的な観点と私が呼ぶものとはかなり異なっているということです。というのは，精神にとって，歴史的なものとは以下のようなものの組み合わせによって定義されるからです。

　　──起こったこと。
　　──起こらなかったこと。

——起きたかもしれなかったこと。

——私にではなく，誰かに起こったこと。

——起こらなかったかもしれないこと。

——そして最終的に，起こったことに関するあらゆる選択肢を要約する
　　ために，実際に起こったことの表象として，夢にさえ見なかった
　　言明。

　私は，これは歴史的観点によるものであると考えます。そして，これは分
析状況の中で私たちが経験していることなのです。私が夢について述べるこ
とは，私が「ネガティブ」と呼ぶものについての隠喩でもあります。この講
演において，私は「考えること」と「ネガティブ」との関係についての説明
を試みたいと思います。夢は出来事のネガティブとして現れます。もちろん，
夢や，夢と願望充足の関係性に関する精神分析の基本概念があります。私が
ここでまず論じたいことは，ネガティブと考えることの両方の例としての，
夢と願望充足の関係についてです。

　現実との関連において，（たとえ夢について非常に単純な定式化を行なうと
しても）夢は単なる願望を現実にする試みだけではありません。私たちが夢
について眺めることができることとして，現実では乗り越えられずにいる障
害物を，夢の中で克服するという満足だけではなく，ネガティブの一例とし
て，状態ではなく機能であるという考えがもたらされます。たとえば，夢に
おける満足は，願望充足に関連したいくつかの効果だけではなく，検閲のお
かげでもあります。検閲は覚醒している生活でも夢の中でも存在してはいる
のですが，その検閲が稼働することが許可されているという事実は，ネガティ
ブの実在を理解させてくれます。検閲は，現実になることを受け入れられな
いものを，こころに維持する管理機能の副産物であり，実際の経験と異なっ
た種類，異なった構造，異なった様式，異なったタイプの中で，現実化real-
zationするという方策です。しかし，ここでネガティブには，私たちにとっ
てもう一つ関心をもたらすものがあります。それはすなわち，ネガティブが
現実以上に，こころの構造と組織への視点を私たちにもたらすということで
す。ひとが経験（とその経験に詰め込まれた情緒的巻き込み）の只中にいる

ときには，その経験の現実味と，その経験への設定として役割を果たす現実がいかに組織されているかということを本人は知ることもなく，気づくこともできません。ひとは，経験という組織された中で役割を果たす要素と要因からなる原型を持っているのですが，その原型は，その時，そして直接的には知りえず，変形された状況，反転した中で，すなわち，夢を通してのみ知ることができるのです。そのため，ここでのネガティブとは，ポジティブの制約から解放してくれるという意味において，単なるポジティブの反対のものというだけではなく，ポジティブな経験の中では決してわからないことを，明らかにしてくれるものでもあるのです。

　分析状況は夢と比べられてきました。そして先ほど私はそれを実現化actualizationと言いました。では実現化とは一体何なのでしょうか？　この問題は，直接的に答えることができない問題でもあるのですが，ネガティブに言及することによってのみ，答えが得られます。分析経験の中で活性化していることに関して二つの指針を挙げることができます。経験は，それぞれの機能によって分離している二人のパートナーに出会いをもたらします。実現化とは，他のどこか，他の空間，他の時間で示された何かについてのものです。分析状況におけるすべてに，この実現化されたものが詰め込まれていて，より深いところで存在しているように思われます。その対話の形式において，他のどのような関係とも比べることができないほど，親密さと強烈な感覚がもたらされます。いや，これは単なる対話というよりも，むしろ性的関係のような親密さを感じるようなものです。非常に強烈な存在感があるにもかかわらず，性的に接触することは決してありません。起こっていることは常にもう一つの場所，もう一つの時間にかかわる歴史の中にあります。ここで私はもちろん過去について言及してはいますが，それは思うほどに単純な話ではありません。私たちは厳密な歴史的過去や今の関係性について語っているわけではないのです。つまり他の場所，他の時間は，未来であり，空想なのかもしれないのです。

　ネガティブの意味の一つは，ネガティブを経験し，どういったものであるのか認識した後にのみ知りえます。たとえば，良い解釈が得られた後の分析的な遭遇の中で，ネガティブへの気づきがあります。その時，彷徨っている

こころの欠片のような何かを見つけたような感覚がもたらされます。ちょうど，ようやく母屋とかシェルターを見つけた時のような感覚です。そして解釈する前にはそこになかったものに気づくようになるのです。変化は何も起こっていません。つまり患者は語り，あなたは聴いている，そして良い解釈が起こったのちに，あなたは何かが不在であったことに気づき，あなたはなぜかつてそれが存在できなかったかを理解します。

　現在の精神分析理論において，ネガティブは，ひとが思ってきた以上に，重要な位置にあります。たとえば，こころの小部屋，マトリックスとしてみなされている幻覚的な願望充足についてのフロイトの基本的な概念を考えるなら，この状況が生じる必要条件は，当然ながら乳房の**不在**です。後期のフロイトは，夢と幻覚の性質の違いについて考えましたが，実際には，この二つには，絶対的な区別をするほどの違いはないという結論に至りました。けれども，彼はある脚注の中で，すべての陽性幻覚には，陰性幻覚が先行していなければならないということを述べています（Freud, 1917d〈1915〉）。さて，このことは，こころの創造性が常に不在に因っていることを意味します。そこにあるべきものがなかったり，あるいはあるはずのないものがあったりといったことです。

　これらの基本的な考えは，フロイトの研究においては，明確には発展しなかったものですが，他の思索家の論文において見ることができます。たとえば，ビオンは，無nothingと無－物no-thingに重要な区別を与え，思考の理論を築き上げるには，乳房の不在から始まることが必要不可欠であるという事実を示しました。本質的に，思考の過程を作り上げるためには，乳房の不在に**耐える**ことが必要です。この「無－乳房no-breast」（この無－物）は，「無nothing」と同じような意味を持つ他の語彙とは非常に異なっています。絶対的な喪失と過剰な存在の**あいだ**の状態，あるいは空想，表象という用語で馴染みのあるこころが耐えている状態が存在するに違いありません。私に言わせれば，空想も表象も，中断された経験というこの隔たりを埋めるための方法です。このことが，私たちをウィニコットのところに導いてくれます。私は，ウィニコットがこの現象を深く認識していたと信じています。潜在空間の概念は，ウィニコットが，レッテルを貼ったり，押し付けたりすることな

く，いかにネガティブの問題について考えていたかという，非常に顕著な一つの例なのです。ネガティブの概念を拡張したら，みなさんは仮想，不在，可能性，潜在性の領域を扱っていることに気づきます。もちろんこれはネガティブの意味の一つであり，その意味において，それはネガティブの作業の可能性を生みます。形や内容，言わば領域を与えると，多かれ少なかれネガティブの無限さに制限をもたらします。こころに内在する不安定な態勢は，ネガティブの作業の可能性を生むのです。

　ここで私たちはある問題に遭遇します。それは，私たちが「ネガティブ」という語彙を破壊的なものを指して使用しているということなのですが，この問題は，用語上だけではなく意味においても存在すると思います。言語として，写真のネガを表すのと同じネガティブという用語を使用することは偶然ではありません。この意味するところは，ひとが現実の断片やある経験を反転できるやり方について考えているということです。この方法で物事を見ると，「ポジティブ」な経験での見方では見逃していた，経験の組織化の様相に気づけるかもしれません。たとえばフロイトは，抑圧の結末と達成の直前に起こるメカニズムとして，主体自体（あるいはその逆転）が向きを反対に変えることについて述べています。私が非常に印象的だと思うことは，彼がネガティブに大きな役割を与えていたということです。それは単に取り除きたい，できるだけ自身の意識から離れたところへ押しやりたいということだけではなく，裏返したり，かつて対象に向けられていたものを自分の方に向きを変えたりといった可能性をそれが持っていることを示していたことです。

　彼の論文「否定」（1925h）において，フロイトは以下のように書いています。「否定の象徴の援助を受けて，考えることは，抑圧の制限から解放されている」（p.236）。これはよく引用される文章の一節ですが，フロイトは，「適切に機能するために，不可欠な素材で，それ自体を豊かにする」と追加して述べています。しかし，彼は自分の仮説を詳述していません。その論文の内容に従えば，事物表象thing-presentations——否定が起こらない無意識に特有なもの——と，否定の使用も含まれる言語表象word-presentationsの関係について，フロイトが仄めかしていると考えるのは合理的なことでしょう。したがって，考えることとは，事物表象と言語表象の関係に依存しているとい

うことです。そこで，私たちが明確にしなければならないことがあります。表象の二つのタイプの違いを超え，片方からもう片方への変形を促進するために所有しなければならない表象のシステムとは，一体どのような性質なのかということです。その答えは，こころの中で，願望は現実化realizationの状態に置かれる可能性にあり，単に知覚されたものの結果が再現されたということではないとのことです。私たちは「もの」と「言葉」の関係を拡げていかねばなりませんし，願望が「充足可能」なものとなるための条件について考えなければならないでしょう。考えることの「根源roots」は，身体に生じたもの——身体の要求に与えられる反応，外界に根本的に存在し，最初に使用される対象の痕跡を通して記録されたもの——を精神世界の中にある表象の概念へと拡げねばなりません。それゆえ，精神分析の経験における表象とは，哲学的に考えられるものよりも，非常に広い意味を持っているのです。シンプルで固定されたものとは異なり，岐路において生じ，（現実でないなら，こころの中で）常にある種の満足に達成し，最終的に対象が引き継ぐまでのプロセスとして考えねばなりません。

　私の考えでは，フロイトは「否定」を，考えることにとって不可欠なものとみなしています。すなわち，私と私でないものnot-Iの区別は，二次過程に関して重要なだけでなく，より原初的なこころの状態についてさえもが，すべてのこころの領域において不可欠だろうと私は考えます。もちろん，フロイトが非常に革新的なこの概念を想定したことで，確実に前進を遂げておりますし，今なお遂げている，つまり，この概念の存在というより，その機能が認められたことで前進を遂げていると言えます。まず良い／悪いの性質を特定し，それからものが存在するかどうかを判断せねばなりません。私たちは，この含意することを考えることとはまったく逆のことについて，よりいっそう熟考しなければなりません。彼の論文（1925h）の最後に，否定と，破壊衝動あるいは死の本能とフロイトが呼んだものとの関係について議論しているという事実は，精神分析における探求と考えることへの多くの可能性を示唆していると思われます。

　分析状況において，（自身の知覚によって決定する）存在するものあるいは存在しないものは，良い／悪いだけではなく，隠れている／目に見えるといっ

たことにも関係しています。かかわりや分析が困難な患者といると，私たちはこの破壊性によってしばしば悩まされます。なぜなら分析状況の中で，彼らがこころの中の破壊衝動をアクティングアウトする対象として私たちを使用していることを私たちが受け入れると同時に，彼らが破壊しているという事実があることによって，かなりの洞察がもたらされはしますが，この出会いの中で，二人の人物によってこころの破壊性が共有されてしまうからです。その破壊的な行為の形態の背後にある無意識的な力動とは，一体どんなものであるのかと自問しなければなりません。私たちは，ネガティブによって，その無意識的な形態がどんなものかを知ることができると思います。このような患者は「私が隠さなければならないことは他の人に隠されたものと関係しているのです」というように，知らず知らずのうちに無意識的な仮説を隠してしまいます。これが起きるのは，分析状況の外側での第三者と関係できる患者の能力を，対象としての他者である分析家が否定したいと望んでいるように患者が思った時でしょう。これは通常の羨望的な状況の逆転です。つまり，分析家を羨望している主体ではなく，分析状況外の誰かと関係する被分析者の能力に羨望している分析家という状況です。この羨望を維持しているのは，対象との関係において，隠されたままでなければならないこと，すなわちパートナー，対象，分析家が第三者と関係する能力を持っているという事実です。

　私はここである事例について報告します。この事例は，これまで論じてきた概念のいくつかをまとめたようなものと思います。患者は今30代の女性です。彼女は度重なる自殺企図があり，そのために重度の昏睡状態となって入院し，その後に私のところへ紹介されてきました。私の同僚との治療初期においては，数多くの行動化が見られていました。そこには，彼女が男性治療者である彼となんとかしてベッドを共にすることを望むという，相互に誘惑的な関係があったようでした。彼女は自殺を仄めかし，ついには彼の部屋の前の吹き抜け階段で自殺を試みました。結果として，この関係は中断となりました。この話に私が触れているのは，彼女の父親が，子どもが父親に求めているやり方を実際に行ってしまう――それは関係を止めてしまうということなのですが――，そうしたことが行われていた事情があるからです。

彼女は，子ども時代のある時期をアフリカで過ごしました。そして彼女が（私との治療を対面法で始めた後に）語ったのは，6歳の頃に，「ボーイ boy」と呼ばれていたアフリカ人の使用人に性的な誘惑を受けていたということでした。そうした出来事が何度か繰り返された後に，彼女がその使用人のことを父親に打ち明けたところ，彼は刑務所に送られてしまったのです。彼女は非常に驚き，もちろん，多大な無意識的な罪悪感を引き起こしました。というのは，彼女は彼のことが好きでもあったからです。このことは度重なる入院の説明をある程度可能としました。彼女は入院することで，ボーイと同じように，自分が刑務所のような場所にいるとみなしていたのでした。その主観的感覚は，測り知れない悲しみと孤独感をもたらす子ども時代の記憶を伴って想起されました。

　4年前に治療が始まったとき，多くの行動化が現れました。セッション中，彼女は立ち上がり歩き回りながら，すべての家具を壊しすべての本を棚から落としたい気分だと語っていました。私が立ち上がってしまうほどの強さで，彼女が私のジャケットにしがみついたことが一度ありました。彼女は私をカウチに押し倒したいようでした。幸運なことに，まったくなぜかはわかりませんが，彼女がカウチの上に転がり乗るような形になりました。大事なことは，そのカウチを私たちのどちらも使っていなかったということです。もちろん，彼女は自分の不安を表出し，私を心配させるために，分析外であらゆることを起こしました。たとえば，ある時彼女は最終上映の後に隠れていて，映画館に閉じ込められてしまったことがありました。午前3時になって，誰かが開放しに来てくれるようにと何度も音を立てたのでした。治療のある時点では，精神病エピソードと思わせるようなことがありました。彼女は正常に見せようと，自身の精神病的部分を隠さなければならないような人であったと思います。この時期には，休むことなくセッションには必ず来ていましたが，私が言うべきどんなことも聞きたくないと彼女は言っていたものでした。かつて，パーソナリティのスプリットオフした部分から影響を受けた状態で，「グリーン先生，父と私とで，あんたをメチャメチャに犯してやる」と彼女は言いました。自分と同じ経験を私に味わわせたいという，彼女の幼少期の外傷体験の逆転であることは明らかでした。しかし表現されたこの不安

は，おそらく彼女が父親をその状況に至らせた事実からのものであったと思われます。これは少なくとも父親から何かを得たいという彼女の願望を示しているのでしょう。そして，その何かが彼女にある種の能力を与えてくれるだろうと彼女は思っていました。しかし怒りのために，その能力は彼女を安心させることはなく，罪の感覚がそれを変形して，もっぱら破壊的なものとなってしまい，代わりに彼女を苦しめたのでした。しばらくすると，彼女はこれを言ったことをすっかり忘れていました。また彼女は離人状態を起こしやすかったのですが，その状態は自身への気づきを捻じ曲げるため，彼女にとっては，都合のよいもののようでした。この患者は，私のところへ来た頃，不安という言葉の意味がわからずにいました。彼女の行動化や家具を壊したいという衝動があるときに，彼女がコミュニケートしていることは，不安であるとのことなのだと私が強調すると，私の言っていることが理解できないと彼女は言っていました。これもまたネガティブの顕在化であり，彼女が自分の不安な状態を認識するには，何年もの時間を要しました。

　興味深いこと——そして私がこの患者について語る理由——は，起こっていることが注目に値すべきことであり，現在，彼女は少なくとも外見上はかなり改善し，他の正常な人と同じように振る舞えているということからです。現在の分析作業は，彼女にとっても私にとっても非常に困難ではありますが，私たちは，私がネガティブの潜在能力 the potency of the negative と呼ぶものに立ち会うことができています。もちろんみなさんは，私が言っていることは，単なる否認 denial だとおっしゃるかもしれません。そうです，ある意味では，私の言っていることはそのことなのです。しかし，もしもこころの構造全体，それに付随するものすべて，ネガティブの顕在化したすべてのもの，そして経験を歪曲することを通して内的世界を否認することによって，ひとの営みに波及効果をもたらすどのようなものとも否認を結び付けないのであれば，否認という概念は反－表現 anti-expression となります。私が今から議論しようとすることは，最近の一連の出来事です。先ほども述べましたように，現在彼女は，とても良好に機能しています。一人ですべてをこなしており，仕事をしながらアパート暮らしをしており，孤独にも耐えることができています。また，友達にもよく会っています。しかし彼女は私以外の誰とも

交流を持とうとしません。もちろん友達と会ってはいるのですが，週末に彼女が訪ねる両親以外には，関係というほどの関係性を持っていません。ここから離れてしまうと，彼女の生活において，意味のある重要な存在は，私以外にはいないのです。

「そう，事はとても単純なんです。父はよそよそしくて，遠い人だから，私は父との関係がうまくいかずにきたし，避けているということなんです」と，現在私たちは，合理化に至った治療地点に来ています。家族においても同様であり，カップルとしての両親は，奇妙な水準で，ほとんど共犯者のごとく患者と結びついています。患者の母親は非嫡出子であり，ほとんどその父親に会ったことがないということです。さらに患者の父親は，彼の母親が結核を患っていて，母親とある種の親密さを築くことが妨げられていたのでした。患者の母親は，患者の父親について，父親として子どもの面倒をまったくみずにいて，まるで子どものようだといつも不満を言っていました。この状況は，彼女の内的世界における父親像にとって，とても重要なことだと私は強く考えています。父親の無関心さとよそよそしさゆえに，彼女にとっては，父親は怖がらせる人であり，非常に恐ろしい人であると多くのことが示していました。

一度，彼女は私に子どもの頃にやっていたあるゲームについて語りました。しかし彼女は，なぜそれがそんなに楽しかったのかがわからずにいました。彼女は，アフリカでの頃よりも以前，フランスでアパートに住んでおり，その頃に兄と姉が一緒にお風呂に入っていたことを想い出したと語りました。バスルームのすぐそばに台所があり，そこで母親が夕食の準備をしていました。「あら，どうして私は兄や姉と一緒にお風呂に入らなかったのか，わからないわ」と彼女は言いました。そして，彼女は私に何も尋ねることなく，性的な遊びをしたという記憶はないと言い，自分がきょうだいと入浴しなかったことについての説明をしました。そのゲームとは，バスルームから離れて夕飯の準備をしている母親をのぞきに行き，それからふたたびバスルームを通り過ぎ，廊下を走り切り，また戻っていき，またまたバスルームを通り過ぎ，母親を見るということを連続して繰り返すというものでした。彼女が走り切った廊下の端には，両親の寝室がありました。母親が夕食の準備をしな

がら台所にいるという安心した気持ちだったので楽しんでやっていたこと，性的虐待の記憶につながるアフリカではないので気晴らしだったと言い，ゲームだったと彼女はとらえていました。私は，そこでの喜びは，彼女が走っている間に母親が消えてしまい，父親のいる両親の寝室に彼女が一人でいるのを見出すけれど，なおかつ何も起こらなかったと自分を安心させる空想と結びついていると解釈しました。すると彼女は，それは馬鹿げた指摘だと応えました。「父は私にとって存在していないんです。父は私の存在に注意を払ってはいませんでした。母は，私たちにいつも言っていたものです。私たちがいなくてもお父さんは気づかないし，気づくためには三，四日かかるだろうって」。だから私が言っていることは「まったく間違っている」と述べました。

　この二日後，彼女は夢を持ってきました。その夢の中で，父親はバスルームにいて，フランス語で**クレ・アングレーズ** clef anglaise と呼ばれる，調整可能なスパナを持って一人でいるところを彼女は見ていました。父親のその道具と，私の名前の子音との間に圧縮があります。この**クレ・アングレーズ**に関連する過去の出来事がありました。彼女は自分のオートバイを修理しなければならず，この道具を〈父親に〉借りました。父親はこれをとても大切にしていましたが，彼女に貸してくれたのです。ところが彼女は，使った後にそれを失くしてしまったのでした。もちろんバスルームの父親の存在は，彼女のゲームを示唆しています。なぜならそこで兄と姉はおそらくなんらかの性的接触をしていただろうからです。この場合にも，私たちは父親の工具を持っておきたい願望と罪意識があることに気づきました。彼女がそれを返さなかったので，父親は怒りました。すると，彼女はそれが奇妙であることに気づいたのでした。というのも，このことは彼女にとって父親が存在していないという主張と完全に矛盾し，彼女にあのゲームを思い出させたからです。そのゲームのネガティブな要素が，夢の中に現れていました。そこにいないはずで，彼女が向かう廊下の先の両親の空いた寝室に，ネガティブなものとして父親が存在していました。

　ここで，転移におけるネガティブを取り扱うための短い素材を提示します。その時，彼女とのセッションは，午後の最初の時間にあり，私は昼食のため外出していました。私の家の前の通りで，偶然にも，私と彼女は遭遇し，一

緒にエレベーターに乗りました。彼女に待合室で待ってもらい，セッションの開始まで二，三分ありましたので，私はキッチンに向かい，チョコレートを一粒食べました。彼女を面接室に招き入れるべく待合室のドアを私が開けた時，彼女の最初の一言は「チョコレートを食べましたか？」でした。ご承知のように，フランスの分析家は質問に答えません。私も，チョコレートを食べたかどうか，何も言いませんでした。彼女の質問は，私を支配するためではなく，ほんのわずかな時間であっても，彼女がいない間に私が何をしていたかしっかりと把握しておくことが，彼女にとってどんなに必要なことかという表現なのだろうと，そのセッションにおいて私は理解しました。その時期は，私がイースター休暇を告げた時期でもあり，今ほどでありませんがしばしば，以前の分析家への溢れんばかりの愛する想いについて語っていました。その分析はもう12年も前のことだったのですが，彼女は去年の夏にその分析家と再会していました。

　私は，前分析家への溢れんばかりの愛する想いを抱く理由について，私が彼のように思い通りにならないからだと解釈し示唆しました。彼はいつでも彼女のために時間が取れて，昼夜問わずいつでも電話することができていましたが，それは当然のごとく，彼女たちの間に第三者となる人物が誰もいないという錯覚を作り出していました。彼女は，二人の間のあらゆる邪魔するものに直面する必要がなく，その状況を思い起こすことに喜びを見出しているような感覚を持っていました。彼女がかつての分析家への愛情を再び語ったとき，いかに私に嫉妬を抱かせようする意図があるかを彼女に示すことは容易でした。そうすれば，私が誰かと一緒にいて彼女と離れていると考えて，彼女が嫉妬を感じる必要がなくなるからでした。その次のセッション，これが私が議論したいポイントなのですが，彼女はやって来るなり，まったく眠れなかったと語りました。彼女は不眠に悩まされ，もはや眠ることができないと語りました。そして，私たちの関係がひどく悪くなったので，しばらく服用しなかった薬をまた飲む必要があると言ってきました。それから彼女は父親の癇癪について語りました。私が，父親につながっているに違いないと示唆したことへの恐怖を述べました。彼女には，父親が雷と嵐を伴う脅威の神のごとく見えていました。次に，両親の友人である女性と昼食を共にした

ときに，いくつかの放送用の脚本を受け取ってもらったことを彼女は述べました（私のこの患者は，同様の試みを数カ月前にしたのですが，好ましい批評を得てきたものが，審査の最終段階で採用されませんでした）。放送というのは，父親がその業界で仕事をしていて，彼女も父親も執筆をしていたので，重要なものなのです。昼食の間，その女性は彼女の脚本内容についての意見を述べたそうです。彼女の判断なのかその女性のものなのかわかりませんでしたが，それらの作品は物語でもないし，彼女はクリエイティブでも，知的でもなく，なんの芸術的才能がないと続けて彼女は言いました。この評価が，少なくともその女性の言ったことに由来するものという強い印象はありました。それはたいしたことではないと彼女は反応し，そして，多くの憎しみが，両親や私の休暇についての言及に向けられました。「そうですね，それは深刻なことではないのでしょう。深刻なことは，私がいなくなったときに，私を何らかの方法でもっても取り戻すことができないことなのでしょう」と私は伝えました。もちろん，彼女がこの批判によっていかに気分を害していたか，私はわかっていたのですが，それ以上に悪いことは，彼女が内的経験を作り直す必要があることに距離を置き，それを他者に向けているということだと考えていました。

このとき，私には彼女が幼いころの写真をじっと見つめながら抱いていた，強烈な情緒的な反応が生じていました。彼女はそれを二通りに描き出していました。最初の彼女の説明は，母親は彼女にぴったりとくっついて，彼女の足を抱えており，彼女が海辺に走り出して遊ぶことを邪魔していたというものでした。もう一つは，彼女はその写真の中の自分が両親よりも大人に思えたということでした。彼女はもう一度その写真を見て，それがなぜ彼女にとってとても印象深いかという理由を語りました。それは両親が彼女の前でずっと笑っているにもかかわらず，彼女はとても孤独で悲しいと感じていたからです。そこで私は，おそらく彼女が私の休みに強く反応したのは，私が単に離れてしまい，利用できないからだけではなく，彼女がひとりぼっちであることを私が他の誰かとずっと笑っているからだろうと解釈しました。もし私のように笑うことができたなら得られたであろう，父親の癇癪のように黙らせるほどの計り知れない力を奪われたと彼女は感じている，と私は伝えまし

た。彼女は，理解できないと応えました。

　本題に話を戻しましょう。フロイトは「否定」（1925h）の論文の最後の部分で，患者が解釈に対して「そう思わなかった」，「今までそう考えたことがなかった」と応えるとき，これこそが，無意識が明らかになっている強力な証拠であると述べています。「ネガティブの作業」は，今まで決して考えてこなかったと感じている時に起こることであり，なおかつ，その感情の中にその考えを促進する手がかりが得られます。しかし患者が「わからない」と言うとき，これは「一度も考えたことなかった」というネガティブな発言ですが無害のようにも見えても，実は破壊的なものです。なぜならそれは患者がひととの関係性をなにも理解していないということを意味し，解釈となんのつながりも創り出せず，未知なる考えを生み出すこともできないからです。未知なる考えを生み出すことは重要なことです。その否定は，未知なるものを促進するためのネガティブというよりは，破壊的なものとしてのネガティブなのです。

　英語で「私はわからないI don't understand」と言うことは，フランス語で"comprendre ［訳注：「理解する」という意味］"という語を使うよりも，より意味架いと思います。"comprendre" は概念や考えを共に組み立てるという意味合いをもちますが，英語の語はより適したものであるようです。と言いますのは，それは，精神分析の最も興味深く最もわかりにくい概念，すなわち備給についての概念を私に喚起するからです。私たちが「対象関係」と呼ぶものは，流れのようなものであり，ちょうど立っているために足元の地面が必要条件であるように，表象や思考を変形するどんなプロセスに対しても前提条件となるものです。

　私は「わからない」と彼女に言われた時，「今あなたは，あなたが創造的でもなく，知的でもなく，芸術的才能がないと言われている，あなたは私と何かを分かち合うための理性がないという意味に受け止めて，私には近づくことができないのですね」と伝えました。私は話しながら，いつもと違う彼女の沈黙であると気づきました。私が話し終わると，患者は私に「先生が話している間，私は目を閉じ，先生の言っていることに耳を傾けていました。先生の声音，また先生の言葉，特に先生の声を聞いていました。私はこころの

中で先生の生き生きとした顔を思い浮かべながら，とても親密に感じていました」と語りました。これはありふれた流れですが，彼女は「……そして，すべて昨日の一粒のチョコレートのせいで」と付け加えました。「あなたはあのチョコレートになりたかったのですね。そうすれば私はあなたを食べるのでしょうから」と私は伝えました。「ええ，そうです。たとえば良い香りや香水をつけた人に会ったときには，それを着けている人の一部になるために，その香水になりたいのです」と彼女は語りました。

　これは，「ネガティブの作業」として私が意味するもので，ネガティブの二つの側面についての一例です。一方では，不在の間に起きたこと，破壊的側面，羨望の否認，もう一つの場所，もう一つの時間である第三の部分とつながることへの願望の否認が存在しています。本来のところに戻されるべきであり，そうすることで，取り入れではなく，主体の内側を創り，ある対象に向かうための主体を固定するという，より重要な動きを作り出します。これを「対象関係」と呼んでいる点では，対象に向けてだけではなく，世界に向けての動きであることを十分に考慮していません。それがネガティブのもう一つの側面です。患者がセッションの中でこころの動きの感覚を経験できたときだけ，セッションの外の世界で，こころを動かし，〈そのこころが〉働くことが持続できるのだろうと私は考えます。この講演の最初に，私が精神分析は歴史あるいはひとの歴史的本質とともにあらねばならないと思っていると言った理由は，過去を回復する点からだけでなく，現在を創り，歴史的な存在として現在にいるということでもあるからです。これらはある対象に向けて前進する過程を通して行われます。その対象は，現在の状況に関連する過去をすっかり変形することを稼働させます。そして，変形への不安だけでなく，破壊を避けられ得ないことや，こころの中で生じる欲動を向ける対象を傷つけてしまうという恐怖のために，変形とつながる道を見出せなかったと懸念される状況に，新たな機会を見出すのです。

第二講

諸対象と主体

精神分析の実践をし，書物を読み，考えていくうちに，執筆を試みるすべての分析家に課せられる現象が存在することに，私は気づきました。私たちは，私たちの仕事について話をしている時，一次過程とみなす経験を表現するべく，すなわち心的現実あるいは無意識の経験を伝える目的で，二次過程の言葉を使用しています。私たちはこの領域をよくわかっておらず，私たちの精神分析の経験が時とともに増したからといっても，必ずしもこの仕事のための適切な言葉を見つけられるようになるわけではありません。実際には，時を経ることでまったく逆のもう一つの影響が生じています。というのは，精神分析理論を知れば知るほど，それが二次過程の言葉に似せるほど，精神分析経験の本質からおそらくは離れてしまっています。これが現代精神分析の趨勢であり，精神分析をまるで現象学のようにしてしまいます。つまり，精神分析経験，内的世界から伝えられるものを記述的な用語で再陳述しようとするやり方です。この傾向は，真の精神分析的思考というよりも，内省に近いという感覚が私にはあります。

　一つの例として，現代における自己と対象に関する概念があげられます。この定式化はかなり現代的なもので，ここで私は自我から自己へと進んでい

このスクウィグル公開講演は，1990年6月2日に北ロンドンのプリムローズヒル・コミュニティセンターにて行われました。

く全過程を遡るつもりはありませんが，私たちは「対象関係」に関する理論をもっているということを言いたいのです。「対象関係」という語については，英語では生じませんが，フランス語ではいくつかの問題が起こります。「対象関係object relations」は，フランス語ではrelation d'objet〈対象との関係〉あるいはrelation objectale〈対象に向かう関係〉と形容詞的に訳されます。フランス語でobjectal〈対象に向かう〉と言う場合，objectifつまりobjective〈目的〉とは逆の意味になります。英語ではobject relations〈対象関係〉という用語がそのすべての領域を網羅しているので，そのような問題は起こりません。内的対象と外的対象を語ることによって，対象世界が多くの様相を含んだ世界であることを十分に強調しています。たとえば，その逆を考える時，誰も「主体関係subject relations」とは決して言いません[原注1]。ウィニコットの「自我関係性ego-relatedness」という概念はありますが，私はこれを仮にも「主体関係」と呼ぶものと同等のものとは思っていません[原注2]。

　興味深いのは，英国の精神分析の論文では，「主体」という言葉がそれほど使われていないということです。「自我」と「自己」の概念は使われていますが，英国ではほとんど使用されないもう二つの概念があります。それらはフランスの精神分析の論文では，よく目にするものです。皆さんと同様，フランスでは，自己le soiを自我から区別して用います。しかし主体sujetを表すフランス語のle sujetは，皆さんが使用するような概念とは異なります。私の感じとしては，「自己」について語っていくと，危険な方向に向かっていくように思います。というのは，それは主として記述的なものであって，紛らわしいからです。自己の経験に強調点を置くことは，その経験を記述するためには現象学的な用語，すなわち意識の用語によって説明されがちです。お話ししていますように，私の関心は，そのとき無意識に生じるのは何かということです。そのため，私の頭には，「主体関係性subject relationship」と呼べるような，おそらくは大変異なる特徴を持った，記述様式があります。それ

[原注1] ウィニコット（1963）が主体的対象について話しています。
[原注2] 偶然にもクリストファー・ボラスは『運命の力Forces of Destiny』（1989, p.108）において，主体関係について語っています。しかしグリーンはその本が出版される前に，この論文を執筆しています。

は，それぞれが明白に違う特徴で示された「自我 ego」，「私 I」，「自己 self」そして「主体 subject」を含む全体を網羅したものです。私は，「自我」と「主体」という二つの用語を用います。特異性を失った「自己」の概念よりも，この二つの用語が有用であり，相応しいと思うからです。「自己」は常に意識的な意味あいを持っています。それとは異なって，私はフロイトの意味に則って，日常的な意味ではないイドと超自我の二つとの関係によって定義された審級としての「自我」を使用します。

このとき，フランス語で書いたものを英語に変えるときに避けられない問題が生じます。私が「Le Moi se prend pour moi〈自我を自分とみなしてしまう〉」と言った時，それが翻訳されると「自我は自我それ自体を自分と間違える The ego mistakes itself for me」となるのです。それはどういうことなのでしょうか？　このことは，実際に私の一部である自我が，私自身の全体，パーソナリティのすべて，言い換えるなら，自我が私であると誤って主張されることが避けられないという意味です。かなりの理論的飛躍だと思うのですが，フロイトは，1923年以前に練り上げていた，独立し把握されないという意味における総体としての自我ではなく，自我をパーソナリティの一つの審級とみなしました。彼が「自我の依存関係」（『自我とエス』(1923b) の第5章）について書いたように，自我機能の一つは，パーソナリティの他の審級によって攻撃されたり，競わされたり，挑まれるものです。

これが，私が「自己」と言う代わりに，「主体」という用語を好む理由です。後にわかると思いますが，「自己」という考えは，誤解を招きます。なぜなら，その用語は私たちの存在全体を網羅しているかのような印象を与えますが，精神分析的な観点から言えば，それは不可能なことです。「自己」という概念を使用する正当な一つは，同一性の障害に苦しむ患者を診ている場合であり，そこではこの概念はより適しているでしょう。「自己」という考えは，統一体である見解の中心をなすものです。これは調和のとれた発達の達成ということと考えられます。もし，この調和が意識と無意識の間の耐えうる葛藤の本質的な発展であることを無視するならば，無意識の存在の否定と同様に幻想となるでしょう。妥協形成による緊張についてや，自我の働きについて語ることはできますが，全体的に調和のとれたシステムとは言えませ

ん。同一性の感覚は，必ず，自我にだけでなく，内的関係性の構造全体と対象との関係に影響をもたらす障害のあるときにのみ，存在しうるものです。むろん，ブレイクダウンの脅威を除いてですが。ひとが達成できる最良なことは，意識的にも，無意識的にも，2になることであり，1であることでは決してありません。孤立させることは，さらなるスプリッティングの可能性を生じます。同一性の障害に苦しむ人々は，微小な部分部分にスプリットされてしまうために，はるかに悪い状態と言えます。自己が統一体であるというのは，理論的な巧みなごまかしであり，私たちは「自己」を一つのまとまりと誤解しかねません。

「主体」の概念を使用すると，それと同じ過ちを犯さないと考えます。「主体subject」の意味の一つには，言語学的なものがあります。文法上，主語subject が目的語object，動詞，補語から切り離すことができないことを知っています。主語は文章の全体の一部に過ぎず，主に動作，すなわち動詞と関係しています。そして私が思うに，たとえば単純な主語–目的語関係ではなく，主語と目的語間の関係に第三のものがかかわる場合，文章はより豊かで完全な型になります。私の考えでは，心的構造全体は「三者性thirdness」に基づいています（これはまた別の講義のテーマになります）。ここに至って，私たちは「自我」と同様に，「主体」は他の存在との関係によって定義されることがわかります。少なくとも言語においては，関係性は，すべて言語という同質なものの上に構築されます。けれど，機能だけではなく異なった素材——それぞれの審級（欲動，表象，認知，イデアなど）の特質——といった異質な組織においては，統合が達成されるのかと問うても状況は異なりますと言うよりも，達成への道のりにはどれもがそれぞれに関連し，互いにつながっています。

無意識の主体は，非常に理解しがたいものです。無意識について言えば自己の経験全体を網羅している何かとして，無意識の主体の点から私たちが話をすることができるとは思いません。自我のよく知られた機能と，主体によってもたらされた機能を区別するいくつかの特徴を提示してみたいと思います。この概念を打ち出したのは，ラカンでした。彼は主に二つの側面を強調しました。主体は，シニフィエとの関連で考え出されました。この主体と

いう考えは，言語を取り扱うことを通して，文法的な主語と混同されないためのものでした。定義されている主体と定義する主体とは，言語上の様式に依って区別されます（言表の主体sujet de l'énoncé，言表行為の主体sujet de l'énonciation）。その主な考えは，ラカンにとって非常に創造を駆り立てられるものであり，スプリッティングの概念を含むものでした。彼は，フロイトの最後の論文「防衛過程における自我の分裂」（1940e）に拠っていました。自我について陳述されていたものは，主体と言い換えられています。病的な状態と同様に正常な状態でも，決して統合されることのないあり方として，本来的にスプリットがあります。それはフロイトの発見でしたが，ラカンはそれが彼の急進的な疎外alienationの考えを支持していることを見出し，彼自身の語りでは，主体の疎外であると述べました。会話をしているとき，その語りの所産として，スプリッティングが生じます。主体が疎外されるのは，本当に自身の語りからだったのでしょうか？　かつてラカンは，情緒と欲望が自我領域の外に存在するという考えを示して，主体を分散する欲望が存在しいかにして疎外が起こるのかというヘーゲル以後の考えを支持していました。そこで，一石二鳥であるかのように，語りと願望は等しいとみなしました。この両者がアマルガムである理由は，主体の願望の顕在化が，情熱的な陳述を通してでなければならないからです。ここで，ラカンは分析状況における転移について考えていました。彼が最終的に仮定したことは，シニフィエの結合の審級としての主体という考えです。象徴的なものを通して無意識の内側で稼働し，（無意識的な）他者，（欲望の対象である）他者とのコミュニケーションの中で，自らがあらわになるだろうということでした。

　私の考えでは，この主体の概念は言語と非常に厳格に結びついています。私は，むしろそれを表象の幅広い領域へと拡大するほうがよいと思います。主体の主たる関係は，「表象」と呼ばれるものに対してです。メッセージの基本様式において，表現されたり，再現されたり，多少とも適合的な表現にしようと変形されたりします。それは，精神装置において生じる緊張，検閲，達成，緊急性に従って〈表象の〉一つのタイプから別のタイプへの伝達を順次援助します。統合は目的を持たないため，この概念は，自我のいかなる統合機能とも関係がないことはあきらかです。むしろ統合は，それぞれのタイ

プの特性を維持するためにあります。なぜなら，それぞれのタイプには，それぞれ特定の位置があり，独自のコミュニケーション方法を持っているからです。それぞれタイプは，反応すべき問いへの答えを導かなければなりません。システムは，順応するために作動するのではなく，こころの中における葛藤が扱われるときに作動します。明白な答えに到達できないことを受け入れなければならないので，満足する解決はありません。また，表象のこの機能を自己観察のようなものと関連づけてしまうことは誤った見解でしょう。なぜなら，表象の異なった形式をコミュニケーションの一致した見解に融合できる可能性のあるシステムが欠けているからです。言語はベクトルです。つまり，表象が後に連なっている〈ベクトルの〉方向は，感情のようなコミュニケートされるべき多くのものをそのままにして，コミュニケートされないのです。自我−主体は，第三のプロセスの位置にあります。私はそのプロセスが第一，第二のプロセスの結果とリンクするものと定義しています。この審級は，自我と主体に関連しますし，自己−表象を獲得することができます。しかしこれは，おそらく自我と結びついた部分の影響のもとにあると思います。主体に関する限り，表象の異なるシステムに直面しなければならないことがはっきりしています。そのことは，当然ながら古典的な審級の一つにだけ位置づけられないことを意味します。自我が他の審級に解決を押し付けることが不可能であることに直面すると，象徴的主体は自我の調停を助け，（まだそれらを支配する立場についていなくても）妥協を見出すために，自我は調停のもたらすメッセンジャーとコミュニケートします。

　さて，ここで先に進む前に，私が自己表象の概念には同意しないことについて述べます。私はフロイトが正しいと思っていますが，フロイトにとっては，対象表象だけが存在しています。自我は，自我そのものを見ることはできません。他の審級によってもたらされた表象に，対処しなければならないだけなのです。身体イメージと自我を混同してはいけません。自我とは，行動を拡げるための動きに近づきつつ，現実に応じて変形する審級に過ぎません。その一つの機能として，主体と結びつけるという，すなわち同一化の役割があります。フロイト以降，ラカンは，同一化の役割は，自我を獲得することだと示しています。つまり，次の理由のために，主体という概念は，そ

の価値を主張する権利があると私は思っています。主体は，大文字の他者との関係を形成するための必要条件です。これも，私たちがラカンに負っているもう一つの概念です。ここで，対象が不十分である理由を具体的に説明するのは，そう難しいことではないでしょう。おそらく，本質的なパラドックスを強調することで，この理論の内容において欠けているものを説明できるでしょう。すなわち，異同が存在し，主体はもう一つの主体，正確には大文字の他者とコミュニケートすることでしか示されません。大文字の他者のように，主体は，主体の中での動きと並行して，不調和に支配させられています。構成されているものと達成しようとしているものについての主体の認識は，もう一つの主体，すなわち大文字の他者に認識されない限り存在しえないのです。そのもう一つの主体である大文字の他者は，欠落しているものに対応していることが特徴であり，主体が苦闘しても統合できずにきたいくつかの小片——その歴史の断片——を寄せ集める能力があります。このために，もし同一化が必要だとしても，同情が患者を癒やすのに十分ではないように，同一化だけでは十分でないことに気づかれるべきです。必要なことは，患者の中になお存在している最も受け入れがたい部分への認識です。この概念の必要性は，フロイトの仕事にもクラインの仕事にも見られません。主体は，仮に別の主体によって認識された場合にのみ，努力の不器用さや不運といった自身のあらゆる不完全さを受け入れることができます。私が今お話ししたようなことを，ラカンはまったく述べていないのですが，ウィニコットの仕事においては，この解釈が主張されています。

　ラカンにとっての無意識的な主体とは，圧縮，置換とその他の無意識のあらゆる機制など一連の無意識的な働きを意味しています。これらは，ひとそれぞれの内的過程の構造と関係があります。一方，自我が存在します。私がなぜこのように話をしているかと言えば，この構造のマトリックスは，「自我主体ego subject」，主体－自我 Moi-sujet であると考えているからです。さらに，自我が主にかかわっているのは，身体と身体の感覚とに結びついたものに対してであり，また現実との関連です。つまり，防衛を含む一連の作用の無意識的な審級である主体によって補完されます。さて，私たちは対象について，そしてなぜ私がタイトルに複数形で「諸対象objects」としたかという

問題に取り組まなければなりません。私がそうしたのは，従来そうであるからでもありますが，おそらく単数系で「対象関係object relationship」と言い間違えられるからでしょう。私たちが単数形を使用するとき，その対象をまるで一つの最終的な対象，対象の一つのマトリックスであるかのようにみなします。対象がさまざまな構造を示すことの責任がその対象にあるかのようであったり，こころに原型を留めているその対象を後にも充てることができるようであったりします。もし精神分析の経験や，自身の生活，他のひととの生活について，あるいは，たとえばフロイト，アブラハム，クライン，フェアバーン，ウィニコット，ラカンその他の人々の仕事について考えたとしても，対象に関する統一した概念を示すことは不可能でしょう。これらの人々のうち，対象に関して統一した概念を示すことに成功した人は誰もいません。私たちが言及するどんな理論においても，対象はその理論のある要素との関係において定義されるだけです。その特性は，内的対象，外的対象，父親対象，母親対象，部分対象，全体対象などと，照らし出される関係によって定義されます。この講演の最初に，フランス語のobjectalとobjectifの例を出しましたが，対象の概念の統一が困難なのは，精神分析においてだけではなく，哲学においても課題となっていて，精神分析以上にうまくいっていません。日常的な経験ならば，対象を分析すると以下のような点がもたらされます。対象について語るとき，推測されることは——対象の影響を受けた——主体の存在です。そして主体の存在は，対象によって導き出される影響に応じたものになります。

　もちろん，ここで生じる最初の疑問は，対象によって何らかの形で動かされる主体の中にあるのはいったい何か，ということです。ありふれた例で言うと，あなたはどうしてある特定の人に恋するのでしょうか？　あなたと親密な友人たちがあなたに好かれようとしているのに，あなたはなぜ特定の人を好きになるのでしょうか？　第二に，対象の定義は，対象が属し，対象が占めている空間という地形図と関連しているに違いありません。もし主体が，対象の目標としてみなされるのならば，あるいは対象の集まりとしてみなされるのならば，諸対象が表すものは，それらの総体の空間に基づくことになります。たとえば（いわゆる）「客観的な対象」について考えるとします。そ

うすると，その性質はそれが位置する空間の特徴に基づきます。それは内的対象についても同じことが言えます。属している空間の特徴を定義せずに，内的対象を定義することはできません。そして，それがなぜ内的対象を定義することが難しいかという理由でもあります。たとえば，フロイトの内的世界は無意識の領域として明確に示されています。すなわち，一次過程と，さらにもっと深くにある解放されることを求める本能的衝動を保護する領域です。この描写は，メラニー・クラインの内的世界のものとは違うものです。なぜなら，彼女は蒼古的な空想や絶滅の脅威などの描写において，そのプロセスの特異性について一切記述していないからです。かなり後になって，彼女は投影同一化の記述をします。しかし投影されていないものはいったいどうなっているのでしょう？　迫害と理想化は単なるプロセスではありません。なぜならそれらは，それらがある特定の活動形態をいかに誘発するかというよりもむしろ，経験の内容として理解されているだけだからです。最後に，もう一つの問題として，対象の性質の中で主体自体に関心を持つ段階，あるいは対象の性質が使用される方法について疑問があります。これは，（主体と対象との間の境界をあいまいにする）情緒的な表現から，かなり明確な状態で対象を知る可能性までに及びえます。そのようなすべての経験に対して，私たちは関係性を定義するのに同じ言葉を使用しています。けれども，一つ確かなことがあります。おそらくは内的対象は境界が明確でないために，主体は，内的対象に対して外的な知識を獲得するためのはるかに多くのものを身につけています。

　少なくとも，私たちはこれらの観察から，若干の暫定的な結論に到達することができます。常に二つ以上の対象が存在しています。これは重要な主張だと考えます。なぜなら一貫したパラダイムをもたらすことができるからです。たとえばエディプス構造に関してです。これには必ずふたつの対象を含んでいて，（少なくともこれに関する共通の考えにおいて）二者対象 two-object から三者対象 three-object 状況への発展の結果です。主体に伴って二つ以上の対象が常に存在するという事実は，私たちが基本的な三角状況を持っているということを意味します。始まりにおいて，この必要性は，必ずしも別々の存在としての父親と母親ではなく，実際は，二者関係においてでさえも第三

の要素を見つけ出すことが必要かもしれません。たとえば，「母親－乳児関係」について考えた場合，そこには第三者がいます。それは母親のこころの中にあるものであり，赤ん坊に関係してはいませんが，赤ん坊との関係に影響するものです。主体に関する対象の影響は，一つのあり方で示すことはできないようです。これは対象が一つきりではないという意味だけではなく，複数の対象が存在するということでもあります。対象それ自体は単一の構造を持っていません。つまり多様であり，対象とつながる素材のタイプ——身体表象，言葉，イメージ，思考——があり，これらのすべてが異なる要素を創り出します。その要素の多様性は，主体のまとまりに疑問を突きつけます。最終的には，暫定的な結論に至ります。すなわち対象を定義する唯一の方法は，対象を，対象の決定因子によって定義される文脈の中に置くことです。ただ実際は，対象の決定因子は数多くあるために，見出すことは困難なのです。その代わり，私たちはモデルを使用し，私たちの考えをそこに置き換えることができます。そこで，主語 subject，動詞 verb，目的語 object などの構文上のまとまりといった言語モデルを取り上げてみましょう。ここでは，言語的マトリックスとそのまとまりを取り扱うつもりはありません。そしてまた，ラカンが行ったようにそれを心的世界に適用させるつもりもありません。むしろ，私たちは言語的マトリックスに心的現実との互換性を見出そうとしています。もちろん，このことは自我と主語，本能と動詞——「対象」はどちらの場合も同じ語のままですが——にある違いについての考えに至ります。

　まず，私たちは主体／主語 subject の文法的な概念のために自我の代用について考えてみましょう。ご存じのように，自我に関する概念はかなり変化しています。非常に多種多様な考えがあり，精神分析家らの間で多くの点で一致したものではありません。誰も自我の無意識的部分と，対象の構造の中で本能によってもたらされる部分の重要性を議論していないのですが，非常にさまざまな理由で現在議論されています。自我の構成における対象の役割（この二つの間のやり取りを通して）は，ほとんどすべての論者によって強調され，合意されています。しかし，その交流やその結果からもたらされる形態の詳細は，まだ十分ではありません。さて，ここで私たちは困難に直面します。私たちは自我に関して，対象の影響を受けているということを考えなけ

ればならないのです。なぜなら対象とのやり取りを通して，（少なくとも部分的に）自我に編み込まれていく横糸としての対象に関する情報が構成されるからです。対象のあるものが自我の織地になります。私たちはこのことを特に母子関係において見ることができます。母親のパーソナリティの構造が，子どもの自我の織地に編み込まれています。しかしこれは認識論的問題を浮上させます。このような横糸はどのように生み出されるのでしょうか？　最初に思い浮かぶのは同一化です。これは否定し難いことでしょう。しかし，他にもさらに複雑な機制が記述されています。ウィニコットは，論文「子どもの発達における母親と家族の鏡－役割」（1971a）において，ラカンが示した鏡像段階の萌芽について述べています。ウィニコットは，幼児が母親の顔を覗くとき，通常その子が見ているのは自分自身であると想定しています。ここに弁証法的な円環が生じます。母親は赤ん坊を見ます。その母親の顔が表しているのは，母親の見ているものと直接関係しているということです。ただ，顔が表現することは赤ん坊の認識と単に関係しているだけでなく，予想されるように，母親が自分の内的な気分について認知したものに影響されることとも関係しています。この複雑な相互作用が送り出されます。こうして，赤ん坊が母親を見ることで返ってくるものは，赤ん坊自身あるいは赤ん坊自身に生じるもの以外のものであるはずがありません。この例は，対象が自我の反応の表面に輪郭を持つようになることを示すことに適っています。その輪郭にそって，精神は不一致と相補という二つの要因によって構造化されているとみなすべきであると私は仮定してきました。

　"内側"での経験を外的に知覚された何かのせいにしてしまう傾向がありますが，そのことは，まるで内側に（混乱して）はめ込まれたものと密接な関係があるかのようになってしまいます。私たちは，外側からやってきたものとして知覚されたものが，実は内側で起こったものだという投影を識別することができます。私の考えでは，二重の同一性が確立されており，自分と自分の関係と，自分と大文字の他者の関係の間につながりが創り出されているのです。"私"として感じられるものと，"大文字の他者"として感じられるものとの間で創られる分離について考慮せずに，象徴という精神分析概念の基礎が形成されています。たとえ内的，外的空間が明確な境界を見出せなかっ

たとしても，ここで重要なことは〈"私"と"大文字の他者"との〉旅，〈"大文字の他者"との間での〉「移送transportation」だということです。そしてここでの主な成果は，大文字の他者を類似したものとして認識したことでしょう。送られてきたメッセージの内容をはっきりとわからないままに，大文字の他者がそのメッセージに意味を与えている――時々そのように書かれてはいますが――と言うのでは足りません。代わりに，対象の中で私が認知していることを，私が意味していると言うべきです。というのは，私が感じることができたとしても，私は大文字の他者を通してのみそれを認識することができるからです。ここで示唆されることは，大文字の他者は，赤ん坊とつながった内的な動きの詳細な手がかりを与えるものとして，認知されるということです。けれど，これは確かに無意識のままなのかもしれません。

　思索や知識といった要素のように，対象によって主体に喚起された際立った影響を，対象が与えるものに応じて自我の中で生じる共鳴といった観点から説明するのに役立つものを私たちは見出すことができるかもしれません。けれども，私が述べてきたことから，自我が反応するのだということがわかるでしょう。自我の織地は，自我の知識の対象との共鳴をなしているからです。言い換えると，子どもが母親から身につけなければならないのは，子どもの自我が母親に依存しているからだけではなく，子どもの自我は母親との関係に基づいて一定程度編み込まれているからです。子どもは，すでに自分の中に存在するものを知るようになり，それは対象とのやり取りを通して，自分の中へともたらされていきます。このような弁証法的な関係は，転移の中にも見ることができます。実際にそれは非常に理論的で，抽象的な評価であり，これらはすべて精神分析の経験に基づくものです。私たちが患者から知ることは，私たちが患者に投げ入れたものへの反応であり，それは，明瞭でないながらも判読せねばならないものなのです。私たちがわかることは，患者の中にすでに入っていたものではありません。おそらく部分的にはそうかもしれませんが。というのは，そこでの関係性は，類似した大文字の他者と私が呼ぶものであって，やり取りの過程を通して形つくられるものだからです。自己と大文字の他者について言及していきましょう。このことは，妥当な対比なのですが，私は真の対比は，類似した大文字の他者，類似した他

者 l'autre semblable との関係なのだと思います。つまり，対象は類似していますが，異なっていて，区別されるものです。もしそれが異なっていないとするならば，それは知られる必要がありませんし，もし類似していなかったとしたら，それは知られることができないのです。そのため「類似した大文字の他者」との関係は，かつての経験から内側に残っていた形跡からの反応と関係しています。そして「類似した大文字の他者」が違いを生じさせることを可能にするのは，やり取りを通してです。知識を得る可能性があるのは，類似性があるからです。しかしその知識は違いについての気づきへと導きます。「類似した大文字の他者」が常に存在し続けることは興味深いものです。たとえば，（汝が愛する……）隣人といった考えですが，その隣人はまた私の憎しみの原因ともなるわけです。正確に言えば，私は隣人の中にある私自身の側面を認識することを拒否しているということです。異なったものとしての大文字の他者において私が経験しうる模倣は，相補的に生じます。この創造の最大の達成した業績は，エディプス構造にあり，この構造は，主体を二重の相違に直面させます。それは，性の違い，世代の違いであり，それらは両親と自分ではない大文字の他者とを主体につなげます。

　ここで，対象の第二の共同決定要素（言語モデルにおける動詞と等価のもの），精神分析における本能について話題を変えましょう。もちろん，本能に関する論争は現在も存在します。もし流行を追いかけたいのであれば，本能と呼ばれたこの手垢のついたものについて語ってはいけません。それらは，時代遅れの19世紀のフロイト派の精神分析のものです。しかし，このこと——片や本能，片や対象関係の間に想定される対立——についてなにがしか考えてみると，この対立は非常に表面的なものなのです。もしフロイトの本能に関する最後の発言を見たならば，フロイトの人生の最期において，彼が非常に重要な変化をしていますが，この変化は言われているほど激しい対立ではないということがわかるでしょう。「精神分析概説」（1940a［1938］）において，フロイトは死の本能と（愛の本能と彼が同等とみなした）生の本能と呼んだものを対比しました。ここでは，死の本能はおいておきましょう。もしフロイトが生の本能と愛の本能を同等と考えたとしたら，彼が対象の概念を導入することは当然と言えます。なぜならもしあなたが対象をこころに

持ち合わせていなければ愛を語ることができないからです。こうしてフロイト自身が対象関係論と呼ばれるものの発展に道を開いたのですが，彼自身の矛盾を克服する時間はありませんでした。さらに「快原理の彼岸」(1920g)には，より興味深い概念があります。この論文の中で，フロイトは時間を追ってというよりも論理的に，拘束という機能が快原理の先にある可能性を示しました。フロイトにとって，拘束は，関係性に関する考察よりも優先されるものでした。私は，これが近年対象関係に関して書かれているものへと道を開いていると考えています。しかし，フロイトは，最も強力な快が一次過程における解放と同時に起きていると認識しています。私たちはどのようにそれを理解することができるのでしょうか？　もともとの拘束は，すでに精神に属している素材の組織によって最初の形態を創る本能と呼ばれるものを通して生じます。フロイトが述べたように，これは私たちが知ることのできない形態において存在し，そして（私が追加したように）私たちには認識されえない形態の中に存在します。これが意味することは，私たちのこころの最も深い層——身体的な構造と非常に密接なものですが——には，嗜好性や素質が存在し，それらには連続的形態あるいは基礎的形態といった原始的組織が存在するという事実を含んでいます。というのは，二次的な働きにおいては，快を自由にするような一次過程での解放を拘束し組織する形態が存在するからです。それは，まるで対象表象によってもたらされた本能的な活動を通した旅を考慮しなければならないかのようです。ごくごく単純な例としてお話しすると，備給とは，皆さんにとって重要な何かに関心を払うことを意味します。そのため快を求める活動，つまり，ある種の快のために対象に向かう傾向が生じるとき，記号と拘束が存在するのです。これから対象表象への旅の後（たとえば特定の対象からの快感を得ようとすることからの転換において），対象の表象物は，その瞬間から対象そのものよりも重要なものとなります。対象が存在しないときには，枠組み構造によってそれが置き換えられるということが生じます。対象の表象物とは，対象の像でも，形でもイメージでもありません。私が「枠組み構造」と呼ぶものと，ウィニコットが「ホールディング」として述べたものとは非常に近いものだと私は考えています。ホールディングにおいて，内在化は重要なものであり，内在化は対象の不在

と内在された痕跡を通して生じます。対象の表象物は，ビオンが「コンテイナー」と呼んだものともまた近いのです。

　私は，フロイトの幻覚の願望充足のモデルに完璧な視点を持とうとしてきました。ウィニコットとビオンによってもたらされた現在のモデルについて考えたとき，次のような視点がもたらされるでしょう。母親と乳児の関係において，ウィニコットはホールディング，ハンドリング，対象を提示することの三つの組み合わせについて示しました。そしてビオンは，性愛を概観しての論点から，思いがけないモデルを提示しています。そのモデルでは，男性と女性を結びつけて，それらをコンテインドとコンテイナーという用語に言い換えています。ウィニコットでもビオンでも，赤ん坊を取り巻く環境がきわめて重要であるという考えを強調することが大切となっています。環境は，赤ん坊を保護し，不安を軽減するための空間であるだけではなく（これも役割を果たすのですけれども），ある意味では，赤ん坊のさらなる内的空間への最初の畏れでもあります。分離の瞬間が訪れるとき，そのありようは，それ自体が破滅であり，心的世界へと含まれていきます。そして，"ホルダー"あるいは"コンテイナー"としての母親は，分離した身体として，彼女自身の陰性幻覚を引き受けることになります。快－不快の体験によって決定されたその性質は，内的世界において変形していきます。その一方で，ホルダー－コンテイナーは，この陰性幻覚を通して，内的世界の投影の器と，さらなる経験を伴ってその経験をワーキング・スルーするための枠組み構造を形成します。この観点から，幻覚による願望充足は，枠組み構造を形成する陰性幻覚を通してもたらされるスクリーンの性質を必要とします。この枠組み構造は，幻覚による願望充足によって形成された裏面に相応します。

　拘束のもう一つのタイプは言葉を通して起こるものであり，そこで維持されているものは，本能的な備給です。イメージから切り離すことができる関心，エネルギー，そして力を意味し，エネルギーは，依然として利用可能で，多大な拘束を必要とする言葉のように，表象の新たな形態に今や力を注ぐことができます。言葉には物質と同等の非具象的なところがあります。これは，対象のある種の複写物であろうイメージと，対象の様相とはまったく関係のない言葉との違いです。つまり，それが備給の重要性であり，対象表象の撤

退です。その撤退は，次なる拘束，すなわち二次過程における拘束を生み出すことができるのです。それはまた，本能がまさに身体自我によって置き換えられるために生じる変形です。フロイトはこれを表面あるいは表面の投影に相当するものと定義しています。私はこれが非常に重要な段階だと考えます。というのは，身体自我は，本能と本能の機能の文脈において，自我が持つことができない，自我のための空間を可能にするからです。身体との関係は（本能的な活動とともに始まる拘束から，対象表象を経由して，言葉と言語への異なる段階を通して），放棄というよりもむしろ変化していきます。この変形を通して，自我の外側にある対象は，備給へのエネルギーを伝送することによって，自我構造の構成要素の一部となります。これは本能の源において始まります。本能の源は，それらが備給するシステムの中で増えていき，そしてこれは，自我，対象，本能から派生した各要素を併合します。私たちは備給するためのエネルギーを持っており，そのエネルギーは，構成された一連の機能を本来備えています。そして，対象とそれが関与している機能の両方ともを異なったタイプの表象へと変換することができます。私がここで把握しようとしていることは，こころの機能についてと，子どもの自分の身体と母親の身体への早期の依存から，自律性と思考の機能（対象と本能から多少離れた部分）へと変形するシステムについてです。こころの中の表象の痕跡は，常に絶え間なく変化しています。本能との関係は常に動的なものだからです。

　いくらか遠回りとなりますが，ここで私たちは精神分析経験と転移現象について取り上げましょう。精神分析経験において印象的なことは，私たちは皆，精神分析家が通常の人間関係には見当たらないほどにユニークな対象であると感じていることです。興味深いことに，この議論において，私たちは対象としての分析家の特徴を意図的には定義してはいませんが，その一方で，その設定の特質について私たちは話そうとしています。私たちは空間や関係性——精神分析的契約におけるもの——の特質を定義しているのですが，その空間に存在する対象の特徴を定義していません。もちろん，設定が患者にとっての特質と対象の特徴——通常投影と呼ぶ——を定義しているだろうと信じています。私は，むしろ，設定を分析過程において直接的介入なしに機

能できるシステムと定義することが最良であると提案します。設定とは，促進あるいは帰納的な機能のようなものであり，設定が分析過程に寄与するのではなく，そもそも設定がなければ分析過程は生じないのです。このことは，まさにフロイトが「心的生起の二原理に関する定式」（1911b）において述べていることで，彼は初めに閉ざされたシステムについて語っています。それは快−不快原理に従ったシステムです。フロイトは，母親から受ける世話だけで存在しうる組織を維持することは不可能であると認識していました。ウィニコットはそれを取り上げ，それがとても重要であるとしました。フロイトは，そのシステムは母親の世話を含んでいる限りは機能可能であると考えました。母親の世話が，たとえそのシステムの埒外であったとしても，そのシステムが機能することを可能にします。それは快−不快原理によって統制されたシステムのやりとりの中で，直接的な介入を行なうものではありません。これは非常に重要な概念です。特にウィニコットの潜在空間の観点において重要です。この潜在空間は，分離の後に再会する過程で生じます。この潜在空間が達成するには，かつての触媒関係に頼られなければならないということなのでしょうか？　もちろん，システム全体が触媒的あるいは帰納的であり，あなたとあなたの患者の関係に直接介入しないということを考えなければなりません。それらは関係に対して，たとえば自由に漂う注意や中立性のように，機能するために不可欠なものです。それらは，その状況に影響を与えませんが，関係の発達には絶対に必要です。分析的関係は自我でないものを経験することの気づきをもたらすでしょう。重要なことは，二つの自我でないものが存在していることに気づくことです。ウィニコットの用語を使えば，私たちは意識的な自分でないものと無意識的な自分でないものについて言うことができます。私たちがその後者を経験するのは，患者が解釈に「私にはそんなつもりはないし，そんなことを望んだこともありませんでした。あなたの言っていることに私が当てはまるとは思えません」と反応した時です。意識的な自分でないものは，他者——対象——であり，主体の外側にあり，距離があります。そのため相互作用全体は，自分でないものの二つの部分の間にあるのです。このことの核心点は，関係性が自我の外側あるいは無意識的な自我でないもの——つまり自分でないものの二つの部分——

で作られるということなのです。

　多かれ少なかれ，分析が進展している兆候というのは，自分でないものを自己充当the self-appropriationすることです。つまり，無意識的なものが意識化されることです。ここで疑問が生じます。それは，対象に一体何が起きているかということと，自分でないもの，すなわち主体的経験の外側に自己充当の可能性があるかどうかという疑問です。私が思うに，ここで起きることは，対象，自分でないものは，私の外側にあり，無意識的でないものであり，それらを自分のものにすることはできないという気づきです。そこから自分のものにできるいくつかのものはあります。それを私たちは，同化あるいは取り入れ，内在化と呼んでいます。しかし大文字の他者は常に大文字の他者のままです。決して，本当の大文字の他者を自分のものにすることはできません。そして，このことを理解することは分析の終わりの作業と関係します。充当化について語ることは，つながりについて語ることになります。そして，それはもちろん精神分析経験の通常の枠組みとともにあり，その経験の指針の一つに，自我が内的対象との関係からいかに自我自体を取り出し，自分の外側の対象と関係するかというものがあります。自我と対象の区別は，自我の結束と，この結束を緩めることを要求する対象との関係をいかに築きながら，その結束を保持するようにやっていくかによって促され，自分と違う対象の影響や要求に対して自分自身を自由にさせるかによって促されるものです。これは分析状況によって検討することが可能です。そこにおいては，自我は受け入れなければならない経験に直面し，そして，統制することができないこころの部分にその源を見出します。ウィニコットと同様，私は観察では不十分だと思っています。なぜなら，フロイトの仮説は想像的な構築だと私が考えるからであり，また観察不可能なこころの現象の底にある部分をつくり出す必要性と結びついている本能の動きについて考えることも困難だからです。

　本能とは，扱いやすいものとの交換へと統合されるべき傾向と内的動きを引き起こす力としてみなされています。生じている変形過程のほとんどは，記憶としては利用できません。そのため精神分析は単に共感だけではなく，推論にも基づいています。フロイトは転移とは決して明白なものではないと

述べました。すなわち転移とは観察できるものではなく，その代わりに推測されなければなりません。私が残念に思うのは，観察することを重要視していると，観察可能な分野にとどまってしまうことです。しかし，本当のこころの特性とは観察できない事象を取り扱うということだと私は思っています。観察を採用するということは，こころが感覚を通して接近可能であるという考えに戻るということです。なぜなら観察者のこころは感覚を超えており，観察者の仮説がどのように構成されているかを説明しなければなりませんし，あるいは観察は感覚に拠っていて，観察はこころを除いた全てに関係するためです。この点で，私はビオンと同じ考えを持っています。ビオンは，精神分析が感覚経験ではない経験に拠ると言っているのです。私は引用をするのを好みませんが，フロイトによれば，対象は経験に由来しますが，その経験は主にこころの構築物です。私たちは，分析あるいは分析を行わなければならない分析家の中で生じる様式を通して，その機能を把握しようとします。分析においては，言語へとつながる感覚を除いて，感覚の源を意識的に除いていますが，それは偶然なことではありません。自我が対象を取り扱うべき時に遂行しなければならない方法は，欲動を取り扱うべき時のものとは，かなり異なっています。

　私たちは，自我が対象を充当化する観点から，自我の関係性の形式を記述することができます。対象と同化した自我の部分は，同一化を通して知られます。これは自我の一部であり，もともとは対象に属した性質としてみなされていた部分です。それは対象を自我の所有物に当てはめます。またその自我の性質は，欲望を通して動かされた自我の部分ともつながっています。欲望は，自分ではないけれど自我の外側のものでもないものと自我との関係性への気づきをもたらす動きです。過去も現在も満足の現実化を通して，豊かになる見通しの中で，変形しうる部分です。これは昇華の領域，私の考えでは，完全な充当化に帰しえない側面，最終的には新しい対象を創造する支えの役割を担う側面へと開きます。

　自我の他の側面を見定めるもう一つ方法は，本能と関連した機能です。ここで，私は根拠ある例を用いて一連の対象の機能についてお話ししましょう。対象の評価は，備給機能に拠っていると考えます。つまり，対象は備給のた

めの容器として提示されますし，備給が対象に別の備給を認識し，対象を別の備給に移すための潜在的な力を与える空間の対象となります。対象の機能——内省の機能——が存在しますが，それは備給された対象によって生み出され，変形の後に対象の起源に戻されます。私が既に少しだけ述べた，枠組みの機能がそこに存在します。対象の存在と不在，そしてそれらの状況において起こることに関連した知覚的な機能が存在します。そして受容性に関する機能が存在します。受容性とは，独立している対象は，憎しみをもたらすことに気づいている事実にもかかわらず，快感を与えたり，受け取ったりすることを繰り返している自身を見出す自我の能力です。錯覚の機能も存在します。これについては説明する必要はないでしょう。また注意の機能，満足の機能，置換の機能，不安が喚起した状態を制御する機能，帰納的機能，そして最後に創造の機能が存在します。

　これらの機能については，私は他のところ（Green, 1995）で述べていますので，今日のところは残念ですが，列挙するだけに留めます。これらの機能から，私たちは対象の多角的な機能性とそれが自我と対象との関係を作り上げていることがわかります。対象との原初的なつながりは，母親の身体への本能的な愛着です。子どもの身体は，対象の身体と同様，別の対象に結びつけられます。子どもは母親に愛着を持ちます。その母親自体は，別の誰か——すなわち対象の大文字の他者——に結びついています。母子関係についての考えを明確にする必要があります。というのも，それらがやや単純化されすぎてきているからです。母子関係——しばしば対象関係の背景にある——はある意味では，最初の共存の極として描写されてきていました。それは子どもと共存することです。母親は子どもに対する膨大な感情を持っています。能動的には，子どもの目標制止された本能を使用することによって示されますし，消極的には，子どもの目標制止されない本能を満たすための対象としての役割を受け入れることで示されます。制止されない本能は，別の共存の極に属しています。これは，子どもの最早期段階のものであり，母親自身の抑圧された感情によって見守られているものです。非常に単純に言い換えると，子どもの制止されない本能の満足のために母親は自身を提供し，母親自身の目標制止された本能によって子どもに応答するということを意味します

母親はまた子どもの父親に（抑圧が許す限り）自身を提供し，目標制止されない本能の快感を夫と分かち合います。母親に特有の本性は，二人の他者との身体的に本能的関係を持つという，（子ども，母親，父親によって構成された）三角形の一つの要素です。その二人の他者は，彼女とはたった一つだけの関係を持ちますが，子どもとその父親は，それぞれの直接の欲求でお互いには身体的な関係を持ちません（ついでながら，私は「新しい父親」もまた赤ん坊の世話をするという主張は受け入れられません。それは，父親には——たとえどんなにしっかりと育児をやっているとしても——本質的にはその能力はないですし，母親がわかっているようには，妊娠がいかに献身を伴った慶びに満ちたものかということは決してわからないものだからです）。

　もう一つの共存の極は子どもです。子どもは，本能の満足が部分対象を消耗しながら，放出を認められた制止されない本能を次々と経験します。子どもは二つの様式の機能を持っています。一つは（たとえば，赤ん坊がミルクと乳房を得るように）目標制止されない本能を放出する可能性を持つ様式であり，もう一つは，対象との対話が始まる寸前に生じる，目標制止された本能の様式です。ウィニコットは，快感が対象を消耗することによって，その達成と放出が行われ，結果的に対象はいなくなることをはっきりと示しています。これらの他の目標制止された本能の役割——たとえば性的なものよりも愛情と関係している——は，快感の放出を通して，子どもが母親を消えなくすることを可能にします。最終的には，子どもにとっては不在ですが，母親とは共存する第三の極が，父親です。このことが，冒頭で私が，父親は子どものためには存在していないと述べた理由です。当然ながら，父親は母親のために存在しています。父親は母親のこころの中に存在し，母親とともに性愛の喜びを共有し，母性の発達に関与しているのです。母親は自身の中に，彼女の父親，祖父，母親，きょうだいといった多くの対象を持っているでしょう。しかし子どもにとって，唯一の別個の対象であり，思考の極として重要な存在となるのは，父親です。ラカンが強調したことですが，父親の機能は，子どもと母親の身体を分ける行為者であることです。問題は，母親の身体は誰に属するのかということですが，誰にも，母親自身ですら，独占できないのです。

最後に，私はここで最初のほうで議論した機能にについて話を戻し，対象化する機能の存在を支持することで終わりたいと思います。私が意味していることは，精神活動は対象だけでなく，対象へ向けたこころの活動や機能を変形する能力を身につけているということです。子どもにとって重要ないかなる様式の存在であっても，内的対象へと変形可能です。ウィニコットは私たちに移行対象の存在を示しました。このことは，いかなるものも対象へと変形可能であることのまさに証拠です。赤ん坊は，どんなものも移行対象として使うように選べます。こころの中でこれが起こることを示す他の例としては，自我がその一部にするために現実を変形することができ，それらの内的対象によって自我が育まれていくというのがあります。非常に一般的な例が，昇華です。たとえば，人が絵を描いたとき，絵は単に対象になるだけではなく，書き手が芸術家であるなら，描くという活動自体（何も書いていないときでさえ）が，まさしく自身の命を吹き込む対象となります。

　対象化機能（備給自体が対象になるという方法で，対象と結びついた備給を変形する機能）の目的は，自我に内的所有を提供するようにもくろむものではないでしょうか。本能的な満足には限界が課せられているために，自我は即座に稼働するナルシシズムとともに取り残されるのではありません。このように，満足を追求することが無理であるという制約は，対象のようなものに備給することによって，記憶としてそれらを対象化し，形づくることができます。これにより，自我は，常に再生可能な実現化をする中で，自我自身を認識することができます。たとえ原初的両親対象が，変形された対象に置き換えられたとしても，このやり方は，原初的対象が永久不変なものとして多かれ少なかれ主体を満足させます。おそらく時間の経過を通して，私たちは私たち自身で創造してきた内的対象の両親になっていくのです。

第三講

第三性について

精神の分析である精神分析を発明したフロイトが，精神的なものをまったく定義しなかったことは，注目すべきことです。フロイトは，このことについて語らなければならない時には必ず，ひとは誰でも直観的あるいは経験によって自分が意味するものをわかっているので，語っても意味がないからだと述べていました。しかしながら，どんなにフロイトの発言が常識的に正当化されたとしても，それは科学的なものではありません。私たちは，物理学者にその概念を物質やエネルギーと同様の方法で取り扱うことを期待しないでしょう。スタンダード・エディションの総目次において，"精神的"という用語は，2段落で1ページ全体を占めるほどですが，フロイトが精神の本質にまつわる問題について初めて言及したのは，彼の死の間際，ロンドンで英語によって執筆された1938年の「精神分析初歩教程」（1940b）においてです。そこから引用します。

> もし，精神的なものはいったい何かと問う人があるとするなら，精神的なものの内容を指し示すことでそれに答えることは易しい。われわれの知覚，表象，想起，感情，そして意志的行為，こういったものすべて

このスクウィグル公開レクチャーは，1991年5月25日にロンドンのプリムローズヒルコミュニティセンターにて行われたものです。

69

が，精神的なものに属している。しかし，さらに進んで，これらすべての諸過程に，精神的なものの本質，あるいはよく言われるように，その本性なるものが何であるかを捉えさせてくれるような，何らかの共通の性格があるのかどうかと問われれば，それに答えを出すのは難しくなってくる。[p.282]

フロイトが，精神的なものと意識的なものを同等にみなそうとする一般的な見解と闘っていたことを私たちは知っています。彼は，意識は精神的なものの本質であるはずがないと主張して，意識が（可能性として）精神の唯一の性質であるということに異論を唱えてきました。それどころか，精神的なものは，その性質がどんなものであったとしても，無意識の中に存在するという考えを定義しました。残念なことに，フロイトは先に述べたこと以上の考えを述べることをしませんでした。精神の性質に関するその答えを与える前に，その原稿は終わっています。意識的であるということがその「本質」であるはずなく，精神の性質は，こころに捉えられることによる最も奥底にある特徴だと主張する必要が彼にはありました。今日，フロイトが観察した無意識的現象の存在が精神にあるということは，私たちにとって当たり前の考えです。しかし同じ1938年の論文で，たとえば心理学は自然科学であるといったいくつかのフロイトの他の発言についても忘れずにおくべきです。現在の私たちの科学に関する考え方と，フロイトの述べたものが必ずしも一致しないということはおわかりでしょう。精神を意識上にのみ定義することを否定し，無意識の存在を仮定するという彼の行ったことへの論点ばかりではなく，現時点での私たちの見解でも，たとえば心理学と生物学の対比のように，精神の性質は非常に不明瞭です。フロイトは述べています。「心理学もまた自然科学のひとつである」「それ以外に何と言えようか？」と。後にウィニコットが気づいたように，情緒発達の障害あるいはパーソナリティや性格の歪みの説明に役立つべき科学は，身体医学における解剖学と生理学に相当する科学のようには未だしっかりと定着したものに到達していません。「この科学が，既に示されている科学であるかどうかと疑問に思うだろう。なぜなら，心理学というものは疑いなくまだその域に達していないからだ」（R.

Gaddini, パーソナルコミュニケーション）。ここで，論駁を行なうのではなく，むしろ非常に特定しがたい特別な何かの輪郭を描こうとする試みがあるわけです。ウィニコットの仕事は，この問題を発展させることに充てられたと言ってもいいでしょう。

　ではフロイトに戻ってみましょう。彼は精神分析が心理学における心の科学の一部であると書いています。そのため，もし精神分析が心理学における心の科学（自然科学の一部）だとするならば，私に浮かぶ疑問は「精神の性質を理解するためにどんな心理学が必要なのか？」というものです。アメリカの精神分析での重要な達成のひとつに，ハルトマンの概念を通して，フロイトのメタサイコロジーの三つの視点——力動論的，局所論的，経済論的——にもう二つの視点——遺伝学的，構造論的な視点——を加えたものが，現在は受け入れられています。この考えは（特にアメリカの国境を越えて）すべての地域に受け入れられているわけではなく，多くのヨーロッパの分析家はこの追加に対して異論を持っています。

　改訂された視点では，社会順応主義の典型的行為として分析家を訴えることや，患者を社会に順応させるのをいとわないといった多くの批判が生じます。こうしたことは，決して分析家の仕事ではありませんし，分析家の価値観にまったく反したものです。患者の自由な選択を尊重することが，精神分析にとって欠かすことのできない目標です。遺伝学的な視点に関しては，ことはより微妙で，より複雑なものとなります。精神分析の歴史において，ある時期，ある重要人物の影響のもと，極端な推測を打ち消す手段として乳児観察が精神分析理論に裏づけをもたらすだろうと期待されました。メラニー・クラインの理論が論議され，それらの多くは，大多数の精神分析家によって却下されてしまいました。観察は，クラインの理論がいかにありそうもないことだったのかを示したのでした。それでも，こうしたことがメラニー・クラインの理論が世界中に広まることを止めることはありませんでした。そこで起こったことは，クライン派の人々が乳児の観察を必要以上にしはじめ，その観察によってメラニー・クラインの理論（エスター・ビックの仕事など）が確証されたと結論づけました。しかしながら，スピッツ，マーラー，ウィニコット，スターンらの目を通して見たとき，同じ子どもに対して各々非常

に異なる観察，結論，理論的言及がなされたことは明らかです。この分野には，事実がほとんど存在しないということ，簡潔に言えば，信念とは言わないまでも，観察者の基準に拠るものだということを否定するのは不可能です。風変りな紳士が「移行対象」（Winnicott, 1951）と呼んだものを描写するまでに，科学的観察は一体何年かかったのだろうかというのがその例です。移行対象があることは，数千年もの間，多くの母親によって知られてきていたものでした。しばしば，証拠は観察者の目にあって，子どもの行為にはなかったのです。フロイトの科学は，不十分な科学であるとみなされ，メタサイコロジーは，誤りで役に立たないと断言されました。一時期，異常な環境下にある子どもの情緒発達における影響といったような調査研究が可能な分野で，精神分析は多くの知識を獲得していると考えられました。第二次世界大戦によってその機会を得，間もなく，入院の領域のような他の状況においても重要な発見がなされました。精神活動の未知なる特徴に関するこうした新たな様相に敷衍していくなかで，重要視される点が，探索された過去の出来事なり禁じられた願望や欲望の抑圧によるものから，外的なトラウマの影響へと移行するようになりました。このことは，外側から重要な出来事を観察しようとすることや，それらを直接的な関係を持っている可能性のある結果に結びつけようとすることへと導きました。明らかなことは，二人の間で起こっている依然として非常に神秘的な内的作業が軽視されてしまったということです。現実に起こったこと——それは必ずしも気づかれないのですが——は，私たちが新たに注意を向けて想定した自我機能に注目するほどに，無意識，あるいは言うまでもなくフロイトがイドと特定した根源的な源泉へと関連づける方法を見失っていったことです。この仕事は，本来内的なものです。外的な出来事であっても，内的世界に起源のある早期の精神によるものとして解釈されるように，トラウマのような外的要因であっても，（異常な精神不安における欲動を含んだ）反応抜きでは考えられないでしょう。明らかにしようとする私たちの努力が依然として報われないままに，無意識の特徴のひとつである不明瞭さは，長い間，受け入れられることがありませんでした。

　これらの研究の当初，学問としての心理学は，精神分析によって取り扱われる事実を説明するには役に立たないものとされていました。しかし実際に

起こったことは，新しい心理学——自我心理学とその応用——が，置き換えられようとしたかつての心理学に徐々に似てきたことです。結果として，フロイトの仕事の発展としての精神分析の中核と，新しい最先端の"自我"と，（違う用語を今日の皆さんは好むかもしれませんが，まだご記憶なら）フロイトの言う本能の領域との関係性の矛盾は，ますます理解できないものになっています。その例として，葛藤外領域というハルトマンの概念——イドとは関係のない自我——あるいは，欲動から独立した自己に関する後のコフートの概念があります。この種の概念は，理論と治療の両方にとって新たな焦点となりましたが，フロイト派の分析の基本仮説とはかけ離れたものとなりました。私たちは皆，精神の心理学が，自我の心理学になりえないことを知っています。なぜなら自我の心理学は，精神分析が創り出される以前から存在していたものだからです。私たちは，メタサイコロジーの文字通りの意味を今なお真剣に考えなければなりません。フロイトの意図したものが，形而上学を放棄してメタサイコロジーに置き換えられたのであるなら，この概念の最も主要な部分を心理学に還元することはできないでしょう。心理学を超えたもの——メタサイコロジー——は，意識を超えたものです。ウィニコットが直観的にわかっていたように，無意識的なものに適用できる心理学はありません。

　フロイトが言うように，精神とはひとつの装置の機能です。フロイトが精神機能の基礎は欲動であり，いかなる一元論的欲動にも常に反対の立場をとっていることに注目するのは興味深いことです。彼は一つの基礎的な欲動が多数に細分化するという概念に反対し，生涯を通して二元的な概念を好みました。さらに彼は対立する対の点から，部分的な欲動が機能することを明確にしました。二元的概念は，二元的な対立を見出す欲動とのつながりにおいてだけではなく，一次的，二次的な二つの一連の**過程**について，一次的，二次的な二つのタイプの**抑圧**，そして一次的，二次的な空想についても考えることができます。フロイトの見解あるいは概念のほとんどは，それぞれ相対する二つの階層に分けられます。ただし，二つの注目すべき例外があります。それは精神装置とエディプス・コンプレックスです。基礎的なメカニズムあるいはプロセスに関する限り，フロイトは二元的な視点でそれらを示すこと

を選んでいますが，コンプレックスの構造を説明するときには，第三性を必要としていることは，注目すべきことでしょう。現在の考えでは，遺伝学的な観点から，数字の上では2が3より先行するとみなされます。発達的な観点からみると，二元的な関係——言い換えると，母親−乳児関係——は，「プレエディパルな関係」の始まりであり，3人の人物を含んだエディパル段階より先行します。ですから，発達的な観点からは，これらの関係が二つの部分から三つの部分へと移行することは，筋が通ったことです。ウィニコットはいみじくも「一人の赤ん坊というものは存在しない」と述べました。これは，赤ん坊は，母親，環境，ゆりかごなど，あらゆるものとの関係とともに常に考慮されなければならないということを意味します。私は，これに単体(ひとくみ)の母子関係というものは存在しないということを付け加えたいと思います。それは，もちろん父親の役割を示唆してもいます。そうでなければ，母子関係というのは，非常に単純な考えになると言いたいのです。最早期の赤ん坊は，母親対象と独占的な関係なことは明らかですが，このことがその期間，父親がまったく存在していないという理由にはなりません。少なくとも私には，母親側のほど良い関係の質は，母親の父親への愛情と父親の母親への愛情に拠っているということもまた明らかだと思います。それは子どもの人生の初期において，母親とのつながりと比べて，父親との関係が非常に少なかったとしてもです。ある関係性において，実際のパートナーが実質的に存在している状況であるかどうか，あるいは，カップルのひとりのこころの中にもうひとりが存在することで不在の人の役割を果たすことができるかどうかという，最も重要で議論となっている問題があります。ここでウィニコットの理論は，ビオンの理論とともにきわめて有用でこのうえないものです。乳幼児発達における有機構成の原初的な状態について考えたとき，ビオンは，良い／悪い乳房の用語の説明では不十分であるという結論に長足に到達します。精神を構築するためには（精神に属しかつ創造のために不可欠であるような）何かが必要とされていると暗示しているように思います。そしてこのことは，ビオンが母親の「もの想いの能力」において創造したアルファ機能の存在を主張したことに関係しています。たとえ母親が子どもを適切に満たしたとしても，それだけでは考えることを支持し，促進（創り出すことでもあるかも

74

しれませんが）するには不十分だということを必然的に含みます。子どもは，苦痛と感じるものを拒絶する傾向がありますが，拒絶したものは発生源に戻っていく性質があるので，結果として苦痛を拒絶することは効果的ではありません。子どものその拒絶する傾向を克服するように援助すべく，母親自身が特別なやり方で考えなければなりません。ビオンがその過程を詳細に記述し，母親のもの想いとはいったい何であるかを私たちに伝えてくれています。もの想いは，赤ん坊あるいは父親への愛情に合わせたものでなければ，たとえ不可解に感じるとしても，この事実は乳児に伝わるということを彼は強調しています。私は第三の存在の役割について，ある関係において直接的には存在していなくても，実際の関係でのカップルのもう一人を通して，不在のままでも伝達されるというもっともな例を挙げようと思います。**ビオンのモデルは，いかなる観察設定からも引き出せはしなかったものではありますが，分析的設定において精神病患者との彼自身の経験から生まれた推論を通じたモデルであることは強調すべきことでしょう。**

　母親のこころの中にいる空想上の父親の存在に子どもが影響され得ることを認めるのに，子どもが（たとえば言葉などを通して）第三の人物をこころに抱けるようになるまで待たなければならないとは私は考えていません。私はこれに「対象の中の他者 other of the object」（主体ではない）と命名することを提案したいと思います。第三の要素は，父親という人物に限定されるものではありません。それはまた象徴的なものでもあります。母親のこころの中に，第三の要素は実在の父親と並行して創り出されます。ラカンが父親のメタファーと命名したもので強調しているのは，父性の概念は，母親のこころの中にある不在の要素としての父親を，母親の過去の重要な人物と結びつけているということです。たとえばその由来は，両親を超えた親表象から子どもをもらい受けたい願望と結びついた母親の幼児期の空想であり，そうした母親自身の父親あるいは母親を象徴したものです。ある事例では，まったく閉じた二者関係が起こりえます。ラカンが言ったように，そこにおいては，父親あるいは第三の人物が母親の欲望から根本的に締め出される，あるいは消滅させられる，排除されるといった関係があることを述べておきたいと思います。これは，精神疾患にとって決定的な必要条件で，後の精神病あ

るいは，もしそうならなかったとしても，何らかの精神障害の可能性を秘めるのです。この状況を適切に議論するために，重要な区別を説明する別の記述を用いる必要があります。

3人のパートナー——子ども，母親，父親——には，それぞれに対して在／不在による異なった状態があります。乳児は母親とともに存在し，主に母親の身体とかかわっています。そして乳児は，融合と依存の状態から分離と自立に向けて動きます。生来の孤としての反応の可能性の手がかりがいくつか示されますが，最初は融合状態です。そして融合と分離が交互する状態が最初の段階の後に続きます。自立した感覚の獲得が増すにつれて，分離は達成されます（時間と紙幅の都合により，私たちはこれがどのように成し遂げられたかという詳細な記述は後回しにしなければなりません）。一方，父親は子どもにとって不在となっています。母親は子どもとともにいます。けれど，母親は，赤ん坊・父親のどちらとも身体的な関係を持っている三角関係の中で唯一の存在であることを思い出すべきです。この状況は，母親にかなりの葛藤を生み出します。なぜなら慈しみと性愛が混ざり合っており，その上，その混ざり合ったものをほどかなければならないからです。母親が子どもと密接にいながらも，一方で父親のことを考えているとしたならば，母親はなお父親とともにいることになりますから，子どもにとっては母親がいくらか不在なことになります。母親は，自分の欲望を通した子どもと父親との間接的な絆をはっきりさせることで，その状況に対処することができます。

父親は，母親にとってはともにいる存在ですが，子どもにとっては不在です。父親が子どもと身体的に関係があったとしても，原初においては認識される対象でもないですし，母親と比較して身体的な結びつきはまったく比べものになりません。母親にとって父親の存在が一定でないなら，父親は，母親との性的な悦びを分かち合うことでしか，母親の身体からの確かで満たされた悦びを享受できないことになります。母親は，子どもといるとき，どのようにして父親との性的関係の名残をすっかり絶つのでしょう。どのようにして身体的な感触を切り離すのでしょう。これには強力な抑圧を必要とします。母親はまた，子どもとの関係から生じる否定しがたいその感覚印象を抱きながらも，父親によって目覚めさせられる性愛の形跡との間を調整してい

かなければならないでしょう。もし母親が，両方の状況間に存在する非常に直接的すぎるつながりをこころの中で完全に抑圧しようとするならば，子どもは，その抑圧されたものが無理やり回帰することを自身の刺激に基づいて高めてしまうでしょう。母子関係に関するあらゆる文献において，その状況にはまるでまったく性愛が存在しないかのように読めることは驚きです。

　発達的観点に関する本当の問題は，2から3への旅——二者関係から三者関係へ——ではなく，（父親が母親のこころの中だけに存在する）潜在的な三者性の段階から，父親がはっきりとした対象として子どもに認識されるといった実際上の三者性へと移行することです。言い換えるなら，これは母親のこころという場所に内的に存在している父親から，父親がその表象と同様に子どもの認識の中に実在する存在になるという旅なのです。言うまでもなく，私はここで，いわゆるエディプス段階よりもさらに以前のことを述べています。強調すべき重要なことは，二つの，おそらくは独立した一連の事態に遭遇することです。一つ目は，独立に向けた途上の母親と子どもの分離です。そして二つ目は，それまでの関係では邪魔者である第三者への気づきに関連します。これら二つの系を別々に考えるのではなく，むしろそれらの連続性を描写することで，無意識の視点からその状況を見つめることを提案したいと思います。つまり二つの動きは，しっかりとつながっているので，必然的に関連しています。母親が子どものコントロールから逃れた——言い換えると，子どもの対象に対する万能感の放棄ですが——そのように思えるその瞬間から，子どもが意に反して諦めさせられたものを手に入れている第三者の支配の下に母親は置かれているようになります。三者性が影響する関係性の中にいかに多くのひとが参与しているのかということだけが問題なのではありません。私たちはここで同様の観点で分析状況について考えることができるでしょう。

　分析は，1950年代には「二者心理学」として分類されていました。この新しいアプローチは，精神分析過程において分析家の側が過小評価されていたことを強調するために使用されていました。フロイトは晩年の「分析における構築」（1937d）において，分析は「それぞれに別の課題が割りふられた二人の組み合わせなのだ」（p.258）と，かなり異なる二つの役割があることを

認めていました。ウィニコットやブレガーといった人々によるさらなる論考にて，私たちは第三の要因について気づかされました。それは，分析実践における可能条件を論じた考察だけではなく，新しい視座からみて，設定そのものが精神世界の性質に関係しているということです。内的世界の表出が，あたかも主体と対象の間の限定された交流の領域に置き換えられ，それには外的世界に存在する二人の関係から導き出されたもの以外の特徴が反映されているようです。そして外側から完全に形作られる前に，なにかが内側から外側へと注がれ，存在のもう一つの形が生み出されるかのようでもあります。共生（ブレガー）から潜在的再結合（ウィニコット）への移行状態では，異なった空間にはいながらも，もともとの場所の特徴をいくぶんは反映しています。ウィニコットの考えでは，これは象徴化と結びつけられています。象徴化は，もともと分離していた部分が瞬時に再結合するというだけではなく，二つのモーメントをつなぐ歴史的な次元を含んでもいるとみなされます。再結合というのは，それが起こるずっと以前から潜在的に予知された瞬間の現実化だとみなされていましたが，それだけでなく，部分部分に分裂したその瞬間と結びつくことなしにはその意味を獲得できるものではありません。ウィニコットの仮説が欲望に関するフロイトの基底仮説から切り離せないのは明らかです。象徴化においては，壊れた結合の中の二つの部分が再結合し，失われた結合を再構築するだけではなく，全体の結果として二つの分裂した部分とは別個の第三の要素も考慮されるに違いありません。象徴化を理解するこの方法は，言うまでもなく象徴化と概念作用を結びつけます。考えることとは，ここでは，分離と再結合の二つの状態の間隙を想像することと同様に，概念を形成するということです。拘束と解放は，かたや生命あるいは愛情の本能，かたや破壊の本能という，フロイトが基本的な特徴とみなした二つの主要な本能の機能です。このことは，再結合と分離の点から私が述べたことと密接に関係しています。二つの機能は，基本的活動の相互作用について十分に説明できるのですが，私は第三の要素を提案したいのです。すなわちそれは，分離の後の再結合に相当する再拘束です。精神構造は，ほぼ常に私たちにとって既に拘束されているようにみえます。実際に精神構造は，その構成部分が分離している未知なる段階から生じ，拘束されているというよりは

むしろ再拘束されています。あなたは夢を語り，連想し，それを分析します。その時，あなたは拘束された調和としての顕在夢を壊します。あなたは連想を通して，それまでの見せかけの調和を分解します。それから，夢作業が再び動員され，解釈された後にこころの中に新しい調和が現れます。分析による吟味によって，その要素は新しい調和に再拘束されるのです。

1972年に，私はフロイトの一次過程と二次過程についての記述に加えて，三次過程と呼んだもう一つの心的事象の類型を提案しました（「三次過程の覚書 Note sur les processus tertiaires」1972）。その役割は，分析過程においてきわめて重要です。三次過程は，一次過程と二次過程の仲介や結合として機能する過程です。分析作業の中で，これらの過程は，空想から一連の理解へ，あるいは，ナラティブからふとした失言へとは言わないまでも，理性的な連想から夢の想起へと行きつ戻りつします。このようなプロセスの静かな働きこそ，分析過程における洞察に向けた進展を可能にします。またビオンは「連結することへの攻撃」（Bion, 1962）において，こうしたプロセスの欠如あるいは損傷が，分析の進展がなされない原因となることを説明しています。同様の視点が，患者の遊ぶことのできなさや移行領域の欠如に関するウィニコットの考え（Winnicott, 1951）にもみることができるでしょう。

私が次に示す点は，より理論的なものです。子ども・母親・父親の三項関係と，拘束・解放・再拘束という三つの基本機制，そして一次・二次・三次過程の三つの分類を考慮しながら，私が考える精神の主な特徴，すなわち言語と思考との関係について話を進めます。ラカンは，無意識は言語のように構造化されているという彼の理論を例証するためにソシュールの言語学を用いました。ラカンの精神分析理論は，シニフィアンにのみ注意が払われ，シニフィエやそれに直接関係する意味にはまったく注意を払っていないものでした。1960年代の構造主義的な再解釈では，治療の目的とはシニフィアンと主体の関係を分析することだという考えが擁護されていました。ソシュールの言語概念において，シニフィアンとはその記号の音あるいは形而上のものです。ラカンは，ソシュールのものとはかなり異なる，彼独自の定義を与えました。それは次の通りです。「シニフィアンとは，他のシニフィアンに対して主体を表象する」（Lacan, 1955-56）。この言明の意味はわかりにくいかも

しれません。私たちはここで，ラカンが述べている一つの連鎖を形作る無意識のシニフィアンについて理解しなければなりません。そこで，二つのシニフィアン間の関係性について考えるとしましょう。主体化がそれらを連結するときに限り，シニフィアンのつながりが理解可能なものになるでしょう。もちろん，そのような主体とは，無意識の主体のことです。シニフィアンは，言語の中で最も小さなまとまりですが，それは，その具体的な要素によって表象されます。その要素は，結合のシステムに加わることによって表され，そしてひとつのモデルとして取り入れられます。精神分析に適用してみますと，ある連鎖でシニフィアンが孤立することは，ひとつのシニフィアンから他のシニフィアンへ移行することによって見出される主体を操作することを引き起こします。いずれにせよ，循環論法的にみて，ラカンの定義——精神分析とは，他のシニフィアンに対して主体を表象するシニフィアンと主体との関係である——をおわかりと思います。別の面から述べてみますと，精神分析は無意識の主体から語りの主体へという関係，そして無意識の欲望への道を覆い隠している被分析者自身の特有の話しぶり，表現，言葉，様式などといった実に明らかに意味のわかるセンテンスから，偶然なる言い回しへという関係です。この見解は，もうひとつのラカンの定式——無意識は，大文字の他者から反転した形でそのメッセージを受け取る——によって明確にできます。これは，大文字の他者との語らいとして，無意識に適用される言語モデルを一般化したものです。表象への言及を含んだ，ラカンによるシニフィアンの定義「他のシニフィアンに対して主体を表象する」（Lacan, 1955-56）をもう一度示しておきましょう。私の考えでは，ラカンの言葉にあるこの表象への言及は，失言に価値をおいています。なぜなら彼は，精神分析理論上で理解される表象に関して，主体の概念を避けたがっていたからです。両者の表象の使用の意味が異なっているにもかかわらず，シニフィアンをより抽象的に使用すればするほど，表象概念に戻らざるを得なかったのです。それゆえラカンは，自分が避けようとしていたことに直面することになったのです。そこで思いがけず，私たちは彼の概念をフロイトの表象の理論と組み合わさねばならないことになります。ラカン派のシニフィアンの定義には，フロイトの二次過程の定式化，すなわち関係の関係性relationships of relation ships とかなり互換性があります。

　表象概念は，まさしくフロイトの精神装置の概念の一里塚であり，それは
フロイトの概念システムに含まれる異なる表象についての独創性と複雑さを
正当に理解する限りにおいて，そうであると私には思えます。ラカンのシニ
フィアンの理論は，表象に関する精神分析的概念を，非言語的構造の過程で
の主体を表すものを非常にあいまいにしたまま，言語的な構造上の表象に限
定してしまっています。いずれにしても，アナロジーを支持していたように
思われる時ですら，ラカンは，その意味や機能を獲得している構造から外れ
たシニフィアンの概念システムの中で，そのシステムを概念化しようと試み
ていました。このことは，ラカンに無意識を無意識そのものとして記述する
視点を持ち込まざるをえなくさせました。そして，それは言語学の領域から
引用される概念であり，概念に利用されるだろう素材には無関係であること
を説明せねばなりませんでした。よくよく吟味しますと，ラカンのシニフィ
アンの定義の定式化は，アメリカの偉大な哲学者で記号論学者であったチャー
ルズ・サンダース・パースから拝借した類似の言明からの恩恵を受けていま
す。パースは，ソシュールのシニフィアンとシニフィエの区別を考慮しませ
んでした。というのは，彼の関心は言語領域を超えた記号にあったからです。
パースの記号論は，非常に複雑なものであり，おそらく私はそれらすべてを
理解したとは思えないので，彼の概念のすべてをうまくお伝えはできません
が，パースの最も際立った知見の一つは，第一性 firstness，第二性 secondness，
第三性 thirdness と呼ばれる記号の三項概念です。第一性は感覚や情動の性
質，第二性は存在，第三性は法則や思考過程などのような一般化と各々関連
しています。パースが「関係の論理 logic of relatives」と呼んだものは，その
構成要素の定義において，時には変化します。第一性は，存在，単純さ，自
発性あるいは存在そのものとして書かれたものの中で，特徴づけられます。
よりわかりやすく言えば，その性質は感覚や情動といったものです。それを
原始的，原初的とみなすことで，彼は，彼の分類がそれ以外の可能性との関
連がまったくないことを強調しています。第二性は，彼の考えにおいて最も
理解しやすい分類ですが，その存在の様式において，外側から生じている力
からの容赦ない反応の結果です。ここでパースは，二つの主体における分離

と再結合の概念を組み合わせています。わずか二つの主体とは，恒常的な二元性の原則であり，それ自体では，完全に理解不可能なものです。なぜなら，その要素は分離あるいは結合していて，他のものが一切存在しないかのように，対を形成しているからです。第一性に対する第二性ではありますが，第一性を代用はしません。最後に，第三性とは，真に理解するレベルです。それは，主体の存在を修正することについてであり，その対の結合から本質的に異なるものを示すことなしには，その対を修正できないからです。

　1867年に初めて表されたこれらの着想は，パースの仕事をその終焉まできわめて豊かにし，精神分析家を刺激します。第一性は感覚や情動と結びついています。第二性は葛藤や一次過程とある程度まで結びついています。そして最後に第三性は，二次過程だけではなく，ラカンが象徴界として，そしてビオンがアルファ機能として定義したものにあてはまります。ウィニコットは，原初的な創造性と対象認識との間に注意深さを持って立脚しています。彼が述べたように，この両者のパラドックスは解消されるべきものではありません。つまり私たちは，対象認識は原初的な創造性にとって代わらないことを受け入れなければならないのです。原初的な創造性の思考形態に著しく影響する対象認識機能の型に置き換えることよりも，これらの相互作用の結果により，対象認識を通した創造性の豊かさをもたらします。

　感覚と関連した第一性と存在と関連した第二性について，パースが示したものは，フロイトの「否定」（1925h）と一致しています。パースは，精神装置の最初の機能様式を，物事の善し悪しを決める機能判断に基づくものと仮定しました。それから，現実界に事物が存在しているのかどうかを決定する必要のある第二性，存在の判断へと入ります。私たちはここで，第一性ではなく第二性の段階には，存在——すなわち現実界——を置いているという共通した関係を無条件に見出します。さて，第三性についてです。ここでは象徴の取り扱いと関連しています。具体的には，心的なものを含意する“心的”な特徴のすべてが，第三性です。パースは，レディ・ウェルビー［訳注　英国の言語哲学者］への手紙の中で，「第三性は，記号，その対象，そして解釈する思考の間に存在する三項関係であり，記号そのものは解釈者とその起源との間の媒体となっている」と語っています。（Peirce, 1931, Vol. III, Book 2

Letter 12)。

　皆さんがこの定義を一度読んだだけで自明なことだとおわかりになるとは思いません。というのは，記号とその対象との関係性は，記号の機能のあり方を理解するには十分ではないのです。そこで，解釈思考を考慮に入れなければならないでしょう。この解釈思考そのものは，異なる形式の記号ですが，記号としての思考は，一連の記号の中に含まれます。たとえば，私たちが扱っているものは，対象の一部分です。それについてどのような話をし，私たちや他者がそれにどのように関係するかといったことが主題となるような解釈思考と結びつける時は，対象に帰する性質について話していることになります。そして，その結果，解釈思考はますます活性化されます。活性化された解釈思考は，評価構造において，主体側の記号として見出されます。それは，フロイトの始まり，しかも1891年の精神分析の誕生以前，彼が失語症の研究をし，その説明の基本原則を求めていたころのことを思い出させます。彼は，象徴を事物と言葉の関係にではなく，事物の表象と言葉の表象の関係として定義するようになりました。

　この記号の形式は，思考することに含まれたもので，記号の存在様式を構成します。このことは，私の説明が進むにつれて，よりはっきりとしてくることと思います。分析家は皆，狼男（1918b）との分析からフロイトが見出したものの重要性について承知しています。重要なのは，原光景の発見だけでなく，精神分析史上はじめてのボーダーライン思考への理解があるからです。おそらく，患者のこの側面を無視したことが，最も有名な失敗した分析治療報告の原因だったのでしょう。フロイトはこの論文の最後（動物の広範にわたる本能的知識に言及した後）のところで，「人間にもこのような本能的資質を所有しているのであれば……」（p.120）と述べています。続けて，この原始的知識の形式と，完全には抑圧されず以前のものに代わったより発達した知的思考との関係について記述しています。特定の状況においては，本能的な知識には新たな力を授けられるかもしれません。「限定的ではないにしろ，それは，性生活の過程に密接にかかわっているとしても驚くにはあたらない。こうした本能的要因は，無意識の核であり，原初の型の心的活動である。それは，人間理性という機能が獲得されたとき，後にその機能によって

退けられ，覆い隠されるのであるが，それでも，人によって，いやもしかしたらすべての人間において，より高次の心的過程をそこまで引きずりおろす力を保持しているのかもしれない」（Freud, 1918b, p.120）。

　この引用は，本能に関して言うと，フロイトの概念が明らかに生物学的な性質ではなく，むしろ心的活動の原始的なものであると示唆した考えを裏づけています。精神の芯——心的機能の原始的なもの——にあるなにかには，彼が "欲動あるいは本能の心的表象" と呼んだものとなんらかの関係があるに違いありません。ここで，フロイトの引用の中で，私が示唆しているものについて説明したいと思います。欲動の心的表象 The psychic representative of the drive は，フロイト自身の用語では，the psychische Repräsentanz です。それを，英語の「表象代理 ideational representative〈Vorstellungsrepräsentanz〉」と呼ばれるものと混同してはいけません。この違いの要点は何なのでしょうか？　この違いは，それぞれの事例に表象されるものの中にあると思われます。表象代理は，対象表象，すなわち対象の持つ観念の表象，言い換えるとその内容と関連します。たとえば，もし私たちが乳房を想像するなら，そこに浮かぶものは，乳房の概念というよりは，乳房を再現しようと試みる結果です。それがたとえ何であったとしても，私たちのこころの中に，再び実現するように望む乳房の感覚印象によって引き出されうるものです。心的表象とは，こころに到達する前提で実現を要する身体刺激の表象です。これは，イメージあるいは記憶痕跡に存在しているその性質の単純ななんらかの喚起であったとしても，観念の内容に関する乳房の表象とはかなり異なります。この今述べた例において，こころの中のイメージは，外的世界，こころの外側と関連があります。そのイメージは，それがそれとみなすようなものなのでしょうか？　また，イメージとその外側の基準となるものとを照合して合っているかいないかの帰結とはいったい何なのでしょうか？　これらの疑問は，フロイトが初期の発見において遭遇した重大な問題でした。一方，私たちが欲動の心的表象について語るときには，外的なものを考慮しません。欲動の心的表象は，私たちがこころで視覚化したり，知覚できたりするようなどこにでもある原型のコピーではありませんし，形として表されるものでもありません。それは，満足を見出すための対象を求めるか，さもなければ，少な

くともかつて満足をもたらした経験の痕跡へと向かうイメージのない動きのようなものでしょう。ここで表されているものは，何かを求める動きです。

　言い換えると，本能あるいは欲動は，身体の表象であることとして述べられているのですが，他のところでは，フロイトが考えた欲動は，現実が満足をもたらさないときに向かう表象（観念的，空想的，情緒的，言語的等）を持つこととして述べられています。そして本能は，存在することと身体の要求とを結びつけます。しかし，生まれた時には未熟な状態ですから，その存在は，維持し支えるための外側，身体の外側にある対象に依存しています。この状況は，以下のようにして生じるでしょう。少なくとも私が理解するフロイトに従えば，こころのマトリックスは，心的表象の集まりによって構成されているでしょうし，その心的表象は，いわば，身体の最も本源的実在的要求やその関連，そして，こころがかつて持っていた（満足の）経験に似た状況の痕跡の代理選択といったものを通してもたらされる存在から成り立っています。多くの場合，このマトリックスは，身体の深層部からのもの——実際には探し求めているものが一体何であるかはわからずに，単に経験されている緊張や苦痛からの解放を期待しているだけのもの——と，その要求に適ったこころによってもたらされる内容という，二つの部分から作られているのではないと考えられています。遡って意味が見出されるのは，対象への記憶の痕跡が身体の興奮に直面したときだけだと考えられてさえいるのかもしれません。そのようなモデルに価値を見出すおおかたの精神分析家は，よく知られた「幻覚的願望充足」の概念で十分だと考えています。彼らはそのプロセスの結果を取り扱っているつもりなのでしょうが，その起源の内容と取り違えてしまっているようです。願望の動きは，満足を求める身体刺激の動きと，その動いている間じゅう，記憶を呼び起こすことを探し出し，かつて満足をもたらした対象を求めようとの試みを再生することなのです。

　心的表象と観念表象の間で私が推定するこの代理選択co-optionについて考えるなら，私たちの表象の概念は哲学者の概念と比較できない理由がわかるでしょう。なぜなら，哲学者はそれらが身体と対象に対する依存状況の埒外にあるとみなしているからです。表象において彼らが探求しているものは，亘久的で，普遍的な，現実に対して妥当な点から定義された——つまり知覚

を通した——ものです。フロイトにおける二次的なものにすぎない関係性です。彼らは最も穏やかで静かで，ほとんど安定している表象について言及しているのです。彼らはそれらを知覚から概念へと続く連鎖の中に含んでいるからです。これに対して，私たちの表象に関する概念はダイナミックなものです。それがダイナミックであるのは，内的，外的どちらにも方向づけられた修正を通して解決しようとし，保たれてきた過去の成功した結果の記憶に従って解決を求めようとしながらも，衝動，脅威，時に無力といった種々な状態の中で，いまだそれらを生じさせるからくりを支配できない緊張を取り扱うからです。フロイトによって本能的と名付けられた心的活動の最も原始的なものは，身体の中で経験として感じられるものに当惑しながらも，身体の外での何かによって解決することを要求しつつ，ただぼんやりとした直観を使って，おそらくは内的なものでもあり外的なものでもあるという関連する何かに相当するものなのでしょう。このような見方に従えば，表象の概念は，身体から言語へという広大な領域に拡大していくでしょう。表象は，精神と解釈，それは，幼児の身体に被る動きの解釈と，こころの中とまったく外側にある欲求を満たす対象についての解釈ですが，その解釈に密接に関連しています。この二つのタイプの解釈が出会うことこそが，主体と対象の関係に気づくことになります。主体は，休息を求めて休みなく動き続け，対象との共存に向けて対象のあらゆる状態に対処しなければなりません。

　もし解釈の活動がなければ，人類として人間はどのように生き残ってきたのか，私には理解できません。私たちはこれらの認識から，内的対象が外的対象の複製でも複写でもなく，真の創造物であることを知ることができます。言うまでもなく，知覚を通して生まれた外的対象の内的意識的表象（その構造は外的対象により類似した）と，性愛の投影，欲求不満と抑圧によって形作られ，願望の助けで組み立てられた外的対象の内的無意識的表象とを区別しなければなりません。この外的対象の内的無意識的表象の構造は，本能的衝動や主体の願望と，要求を満たしてくれる対象の記憶の痕跡——いずれも変形させられ，対象の表象を産み出している——の空想の働きによる副産物です。それらは，無意識的な事物表象を形成するために結びつきます。身体から生じる心的表象と対象のイメージの記憶の痕跡による心的表象が最初に

結びついて，新しい存在がつくり出されます。それが対象表象です。この新たな混合物において，主体が自身の主体性を実現してきたのは，投影だけではなく，主体が想像可能な形態をもたらす身体の感触についての内的感覚から生じるなにかに由来します。他の誰かとのコミュニケーションで，より広い文脈でいくつかの可能性を見出すかもしれない解釈として，それがこころに戻ってくる機会を与えられるといった，自身への投影ということをとりわけ強調するなら，おそらくはそれは投影の用語でとらえることができるでしょう。原始的な心的活動の仮説（フロイトが狼男［1918b］で述べた）のあらゆる内容を解明せずとも，これらの考えは対象表象にある種の光を向けることに役立つかもしれないと私は考えます。

　一見したところ，私たちは彼が述べることを一種の直観に関連するものとして解したくなります。もしこころのマトリックスについての私の説明が正しいなら，本能衝動になるものの視点において，身体の関与を想定できそうです。代理表象と後にはそのアマルガムの変形とがつながるゆえに，身体の関与によって，より精緻で合理的な概念を正確に予期するよう促すことになります。このつながりは，子どもの未熟な状態と両親への依存について符合するのに限ったことではありません。この間，必然的に濃密な空想的活動が育っていきます。またその空想が現実と出会うとき，こころに内在し内的世界に避難所を見出した内容物に，知覚したものが住まわされます。投影は遊びにあります。けれどもみごとにウィニコットが示したように，こころは対象を見出し同時に創り出します。そしてこの過程の相互作用では，知覚と投影が結合しており，内的世界を見るとともに，知覚されたものと感知されたものとの間で，相互に把握することで，あるパターンを形成することが達成されるようになります。そしてそのパターンは，現実的な状況からはかなりかけ離れているものの，こころの中に別のフォームを喚起し，生み出す示唆に富んだ力を持っています。スクウィグルゲームにおいて起きていることとも類似していると言えるでしょう。私たちは，子どもの性理論と類似した，より高次の精神機能でのプロセスについての明確な見解を持っています。それはまるで，自分に起こった出来事に関する主体に刻まれた最初のフォームとしての前駆体をなぞるかのようです。

私たちは，メラニー・クラインとアンナ・フロイトの論争において内的対象か外的なものかという関係の重要性に関する多くの議論に立ち会ってきましたが，その論争は終わっていません。一方ではその責は，アンナ・フロイトと同じ路線で議論していたハインツ・ハルトマンに引き継がれましたが，かなり異なったものになっていきました。もう一方ではクライン女史に続く線上には，ウィルフレッド・ビオンが現れました。さらに，ビオンの仕事もまた，クライン派の枠組みの中でフロイトのいくつかの仮説の再興を含んでいるのですが，インスピレーションの源が非常に異なっていると考えることができます。このことは，思考過程に関するビオンの考えに当てはまることです。幸いなことに，この対決は第三の存在，ドナルド・ウィニコットを誕生させました。ウィニコットは，内／外の二分状態に囚われることを拒み，移行空間に身を置きました。繰り返しになりますが，三者性が適切な解決となったのです。分析空間は内的世界でも外的世界でもない唯一の独立空間の下にあることは間違いないからです。ただ，一連の論争はおそらく表象の問題だと私は見ています。メラニー・クラインはこの概念を検討していませんが，論点は，私たちの深遠なる内的現実の表象とならないものと，知覚を通した現実の表象の間に何が存在しているかということです。この最後の問題においてさえ，フロイトは，知覚が現実にアクセスするための適切な証拠にはなり得ないことを，後に拒否disavowalを通して見出しました。皆さんは，彼が初期には現実検討を仮定しなければならなかったことを思い出されるでしょう。その後，現実についての解釈は，存在の判断に従いました。彼は最終的に，二つのタイプの判断に従って精神的な出来事についての解釈を明瞭に示しました。つまり快−不快原則を司る帰属の判断と，現実原則において対象が存在するかどうかを決めるべき存在の判断です。

　パースに話を戻します。ここで私たちは，表象に関する彼のアイデアを，彼が**表象体**representamenと呼んだものとともに考えなければなりません。私がすでに概説している彼の見解のいくつかの側面について思い出してみましょう。パースは，三者性とは，第一のもの（記号）を第二のもの（その対象）とそれそのものが記号であると解釈する思考へと至らせるものだと述べました。同様のことが，フランスの言語学者バンヴェニストによって，言語上の

三人称について語られています（Benveniste, 1967）。彼は，それをより取り扱いやすい言明の部分と，言明全体も置き換えることができる表象の機能によって定義しました。代理形成の働きは，内在化の過程に従っていると考えられるはずです。少なくともフロイト派の見解では，内在化の過程とは，事物表象を言語表象で代理するのと同様のやり方で，それそのものを代理して特徴づける過程で特殊な機能を獲得するといったものです。フロイトが考えるように，これらの言語表象とは，それ自体が私たちにものそのものを認識可能とするための思考特性をもたらす装置です。それらは，こころの内にある対象表象と思考情報との仲介として，役割を果たしている二つのシステムの間に立っていると言うことができるでしょう。しかし強調されていると思われることは，三人称の場合，ディスクールの介在で再帰する機能を獲得しながら，代理されるものの一般化という拡がりと，対象照合して関連させる可能性についてでしょう。パースに話を戻しましょう。記号の基本的機能とは，不確定なものを確定することです。それは，そこにある関連性を読み取る行為ではなく，むしろ習性やときには行為となる般化を構築することと思われます。この定義を，効果／非効果の観点から，行為とは切り離して考えるとするなら，みなさんは，夢の中で何が起こっているかを思い浮かべたらよいと思います。あるいは，記号の構造が行為を導くとき，統制できない行動が，失策行為や行動化として生じるでしょうし，また，自身が望むやり方で他者の行為を引き出したり，自分がふるまいたい行為を他者に引き起こしたりするかもしれません。パースは，フロイトの見解に近づくような位置，表象の理論が必要であると結論しました。彼は新しい概念——表象体——を創り出したと私は思います。

　説明しましょう。

　解釈は，分析家が患者にコミュニケートすることを限定するものではありません。分析家に伝えられるすべてのものは，コミュニケートされる以前に患者によってある種の解釈（もちろん無意識に）が経験されていると言えます。このことは，夢の例で明らかです。複雑ではありますが，こうした認識は，分析の際に私たちが行っていることを理解する助けとなります。患者の言葉——フロイトの用語では言語表象——である記号は存在しますが，対象

は存在しません。対象とは言葉が示すものです。それは，フロイトの用語では，事物です。対象は，内的でもあり外的でもある二重の存在です。表象は，これらの二つの面がコミュニケートする助けとなります。しかし，記号の構造を通して，私たちはそれらの構造を説明する思考過程とつながることが可能となります。けれどもこれまでのところ，私たちは二次性と一次性についてのみ語ってきました。分析を可能にするということは，第三の分類について言及するということです。つまり解釈する思考，それ自体記号であり，一見目立たないものではありますが，私が三次過程と呼ぶものです。私は，それらが記号の存在様式を構成していると考えています。もしそうでなければ，私たちは言葉で解釈することができないでしょう。パースが述べているように，解釈項interpretantは膨大な感覚において生じます。解釈は必ずしも思考ではなく，時には行為や経験，情動かもしれません。これはパースの理論における最も際立った見解のひとつです。彼は言語学者ではなく，記号学者でしたから，言語を超えて解釈の領域を拡大しています。私の考えでは，解釈思考は単に言語表象（すなわち言語）の中に存在するだけでなく，対象表象の中にも存在しています。それはフロイトの無意識の概念によって暗に示されています。たとえば，フロイトが抑圧されたものについて述べたものを，すでに抑圧されているものに引き寄せられているものとして考えてみてください。無意識的な対象表象は，解釈思考の能力を獲得するために，必ず構造化されます。同様に，思考は主に無意識的なものであり，暗に言葉に依拠していないという事実をフロイトは強調しています。無意識の過程は，二次過程——解釈——とは異なったある様式の思考能力をもっており，それは投影や投影同一化においてみられます。思考様式もまた同様です。ですから，ラカンは無意識を言語のような構造されたものとして語る必要はなかったのです。問題は，シニフィアンと主体の関係に関する理論ではなく，異なる性質の表象全体に対する主体の関係に関する理論だからです。シニフィアンは当然，ある様式から別の様式へと変形する（夢，空想，転移のような）異なる構造を持っています。さて，ここで表象，記号，**表象体**の違いを明確にする必要があります。

　パースが言うように，記号は対象について述べることができるおそらくす

べてのものなのですが，**表象体**はこころの中で分析するための主体のあらゆるものです。

　記号は，私たちが解釈に結びつけたものを伴う——多種多様な——連想です。たとえば，対象をもった**表象体**とは，一次性と二次性の関係性から分析できるものにすぎません。あらゆる記号は，独立した対象それそのものを表します。しかし，その対象が記号や思考それ自体である限りは，その対象の記号に違いないのです。記号は対象に影響を与えませんが，対象からは影響を受けます。すべての思考は記号ですから，対象は思考をもたらすことができるに違いないのです。

　もちろんこのような主張は，いわゆる双対関係におけるいかなる試みも全体的な幻想であるという結論に行きつきます。記号と，主体あるいは**表象体**とみなされる分析家を通して語られることの間で，成熟していく思考の厚みがあると私は言いたいのです。表象は，記号の操作あるいは記号の対象に対する関係性です。そしてこのことは以下のような可能性を含んでいます。基本的に分析について考えると，表象は言葉となりますし，あるいはまた，こころにおける他の素材となります。つまり，その連想の意味を示すことができるような，他の素材が連想されていきます。この考えは，ラカンの象徴の概念と似ています。しかし異なるのは，ラカンはパースの記号論的アプローチを放棄したことです。というのは，ラカンはソシュールの言語の無意識的構造の概念がより精神分析に適していると信じたからです。もうひとつの主体がなければ，いかなる主体も存在できません。そして記号とは，なんであれ対象のはっきりとした概念とコミュニケートするものです。では一体何なのでしょうか？　「**表象体**とは，対象と呼ばれる二次的，解釈項とよばれる三次的なものとの主体の三項関係である。この三項関係は，**表象体**が，同じ三角関係の中で，いかなる解釈項にも変わらない対象を維持するために解釈項を決定していくというものである」（Peirce, 1931）。私が今非常に難しい内容の文章を引用していることはわかっています。しかしこれは基本的なポイントです。一方，これは分析における解釈行為の複雑さを公正に取り扱う概念構造です。解釈は分析的行為の核心です。型に則って全体の事柄を単純化し過ぎるより，これらの理解しづらい陳述についてあれこれと思いを巡らすこ

とを私は好みます。

　もし私たちが精神の概念に戻るとするなら，思考の始まりの瞬間は，表象できないもの，身体的欲求を表している心的表象，そして対象によって残される記憶痕跡の備給との邂逅です。この原始の拘束から，転移の分析的なワーク・スルーの可能性が開かれます。非常に概略的に言えば，精神とは，二つの身体の片方の不在との関係性の結果です。パースの仮説から，私が理解したことを説明したいと思います。**表象体**の考えは，知覚との関係のように，状態よりも過程の定義を試みています。ここにフロイトの表象の概念との類似性を見出せます。ご存じのように，表象の概念自体，ものと言葉という二重の基準を持って，あきらかに再生され作り変えられてきています。フロイトは，身体に生じるかなり異なったメッセージの表象と，それらがこころに至るときにある表現を見出さないといけないということを加えています。ただ，パースはそのことについて直接には扱っていません。しかし，彼は解釈的な思考が感情や行為の中に見出せると想定する時，身体からのメッセージをも含む可能性に開いています。こころに留めておかなければいけないことは，この一連の変形です。パースは，いくつかの線に沿って，重点的に推敲を行っています。最初の線では，記号はある種の関係性を確立するその能力に基づいた，あるいは，少なくとも遊びの置き換えにおける**表象**の現れと考えています。パースは，関係性におけるものの限界については曖昧なままにしています。彼は，この段階では記号を「意味する何か」と想定しています。ある関係性が置き換えへと導くこの過程において，私たちはアナロジーについて考えることができます。つまりフロイトが夢の作業において述べたことです。ここでは主体は関係していません。圧縮と置き換えを通じて内容を変形する仕事に精神は還元されています。もちろん，フロイトとパースの違いは，夢において願望を実現する試みの源となる，快−不快原理の快原理についての仮説です。しかし，両者ともに重要なことは帰結にあります。つまり，代理形成として働くような何かによって，本来の言明を置き換えることをも含んだ関係性を構築する能力があることです。対象表象については，対象認識の変換というよりも，対象の置き換えである対象によって残された感覚印象から引き出された印象間の関係性とみることもできましょう。

変化は，この最初の関係におけるコミュニケーションから生じます。**誰か**とコミュニケートしたときには，**何か**として名づけられていた事物が，かなり変化します。起きていることは，個人あるいはもう一人の個人のなかでの表象過程の追求です。それは単に生じている関係ではなく，同等の記号（置き換えは類似の記号を凌ぐことはありません）の**創造**，あるいは新しい心的出来事の**創造**であり，より進展した記号が現れることです。示された記号の「何か」を引き出すことや，連想の広がりに含まれることに基づいてとまでは言わないまでも，このことは起こりえます。それが，パースが解釈項を導入する理由です。解釈項とは，主体の行為との既に存在している関係を変えることだと推測できるでしょう。もう一人のひととして言及している**誰か**について熟考する必要があるとは必ずしも思いません。むしろ，私たちはこの段階を，二次的アプローチにおける思考の作業として理解できます。それが一次的なものの後に起きるからというのではなく，代理形成の過程に制限された既に存在する関係を吟味しているからです。解釈項の特異性は，対象の何かを表していることだと言われています。私たちはここで，私たちが誰かへのかかわりの結果とともに消えてしまったと考える**何か**という用語に戻っていることを経験します。実際，パースは，こころが機能しなければならない問題について定義することを必要とします。解釈項への介入の後に，進展に伴って生じるより高次への記号の変形は，この新しいアプローチにおいて，変形が作り変えることのできる問題に新たに直面します。これは，その**何か**がいかにして戻っているかということであり，さらに詳述する必要があります。ここでの新たなものは，もはやその関係性の作業にかかわるのではなく，パースが**その対象の何か**としてみなしたものにかかわります。ここに多義性があります。彼はその対象を，記号が関係性のフォームをもたらすものとして意味づけているのでしょうか？　あるいは，対象が関係性そのものの結果，すなわち内的関係から導き出されうる意味だと意味づけているのでしょうか？二つの意味が結びつくことが可能です。しかし理解するために重要なことは，その理論において，対象との関係は，ある他者あるいはその人自身の主体の介在の後にのみ言及されていることです。経験上，対象は，ある関係性を生じさせる心的出来事以外のところでは存在しないでしょう。対象は，常に間

接的に理解されるものです。これもまたフロイトの理論によく似ています。対象と解釈項は，代理形成の過程によって関連づけられ，代理形成自体もまた主体を含んだ別のタイプの代理形成のもとに置かれています。このことは，フロイトが関係の関係性を表現できるものとして二次過程を定義していることを思い出させます。パースは，観念としての「**表象体の基礎**」とみなすものを定義することだけを行っています。ここで，彼は伝統的な哲学的思考に戻らざるを得ないのです。しかし，私たちにとっての重要なことは，三項関係が進行していくあり方です。**表象体**は，さまざまな解釈項の代わりに同じ対象に対する同じ三項関係において，その解釈項が有効だと規定するものです。

　第三性においては，望ましくなかったり，求められていなかったりすることで混乱させられるという時期が常にありますし，あるいは二つのペアを形成する三角構造を変えるであろう不在の時期があります。精神の本質は，無意識的なものだけでなく，両親ともまたつながっていることをここで私たちは知ることができます。これは，意識，前意識，無意識といった精神の性質全体，そしてまた二次的局所論的モデルとともにあります。**この局所論は，精神装置の諸機関の異質性を増大させ，それぞれが内的欲求あるいは外的世界に関連した情報の取り扱いの異なる取り決めに従っていますし，こころの中での徹底した抑圧に従わなければなりません。**ここで私が言及しているのは，精神装置の三つの部分，イド，自我，超自我についてです。これら三つの機関において，それらを有効にするために，三つの形態を必要ならさらに付け加えることができます。それらのイメージを求めるとすれば，自我を形成する助けの一つとして，母親とそのまた母親との関係性を割り当てることができます。異論はあるかもしれませんが，母親が超自我機能，父親がイド機能を果たします。これはおおむね真実です。個人の問題ではなく，生来のものゆえです。父性の超自我的な性質は，女性より優れているという男性の生得的な優位性によるものではなく，むしろ，父親は子どもを産むことができないという残念な制約によります。父親は，一人の中に二人がいること，赤ん坊に授乳することの意味，ましてや赤ん坊の肉体を二人の肉体として感じないことの意味がわかりません。これが問題の要点です。つまり一日目にこの楽園は終わりを迎えなければならず，二日目には一つであった二人が二

つとなり，別々のままになります。これが，第三が必要とされる理由です。私たちはここで，精神分析に従って，パースの考えのもう一つの見解を提案することができます。第一性は存在することであり，第二性は関係すること，第三性は考えることです。第三性には，時間軸が必要条件でもあります。無意識は時間を無視するので，エディプス・コンプレックスは性の違いだけでなく，世代の違いにも関与していることを私たちは知っています。二つの世代は，誰かを定義するには十分ではありません。たとえば，この第三性の概念には非常に重要な次元である葛藤の概念が欠けていることに異議を唱えられるかもしれませんが，私はそうとは思いません。パースが言うように，こころに生じるあらゆるものは，闘争の要素を含んでいます。そして，単純な感覚という経験の原始的な断片の中にあります。なぜならこのような感覚には常に鮮烈で拡散する段階があり，常に他の感覚と対立するからです。これは，それらがいかにこころの中で生じるかという基本的な状態です。ある感覚は決して孤立したものでなく，対立を含んだ多くの感覚の一部として存在しています。こころの中に存在するものの最も単純な特徴は，闘争の要素です。「二つのものの相互の行為は，いかなる第三のものや媒介と関係を持たず，行為の法則への配慮もないのである」（Peirce）。もし，私たちが，闘争の要素を含んでいないある概念を見出そうと努めた状態で，不変で単一の性質で成り立っている宇宙を想像するとしたら，この想像の下ではある程度の安定があるに違いありません。さもなければ，何か明確な実体を持つ対象が存在するかどうかを尋ねることはできなかったでしょう。パースは，私たちの心の操作が十分に精緻だという仮の事実においてこの安定が成り立っていて，この仮説は変化に抵抗するだろうと主張しています。私は，それは事物を表すには洗練されたあり方であり，精神活動もまた生きている時間であることを示していると考えます。今述べたことは，第二性と関係していることです。（行為と反応という）力の影響の結果として，存在の中で変化する結果を取り扱わなければなりません。この背後に，私たちは離れた主体どうしの間にさえ，つがうこと coupling の概念を見出します。このつがうことは，二つの主体だけに制限されます。それは不変の二元性です。

　さて，私たちは，より慎重に第三性へと向かわなければなりません。パー

スは，第三性を第一性と第二性に対抗する関係という論理の文脈で，その概念を発展させました。第三性は，こころにおける最も高次な能力です。彼はそれに違うバージョンを与えました。彼はそれを，第三の変形の基準における第二の様相をした主体の存在の修正とみなしました。ここでは，私たちは世界が第二性の単純な拡張と考えることができるでしょう。それは，意味すること，理解すること，般化が可能であることだけのため，実際には秩序は変化します。これは法則の定式化への必要条件です。しかし，第三性の成果を得るには，独立した一次性と二次性が安定していることが必要です。そうでなければ第三性が稼働するための基盤が欠けてしまうでしょう。パースはそれについて，さきほどの話とは異なる見解を述べました。彼は，システムの中での個人の比較を用いました。彼は次のように述べています。「もしシステムの中における個々それぞれの関係が，他のどんな関係にも存在していながら，しかも三次性がなく，最終の他者とつながっている中にいるとき，システムの個々の関係において，他のいかなる個もその関係性にいる」（Peirce 1931, Vol.I, Book 2: 5.1）。これが完成したまとまりを特徴づけます。この点で，三次性は，二次性に直接につながるのではなく，システム全体へと拡大して，二次性のあらゆる場面においてその適用を見出します。要約しましょう。第一性は感覚，情動，資質，第二性は外的な圧力を被っていることの修正，そして，第三性はパースが一般性と普遍性の領域とみなしているものと関係します。パースは，これらの範疇の中で関係性の概念を単純化していこうとするのを私たちに警告しています。第一性の性質は，その後に他者と関係する分離した実体として明らかになったと考える必要はありません。事実はこれとはまったく異なっています。部分的でない独立する潜在性は，限定され，異質なものとなっています。このことは，関係性のロジックを，子どもの発達が図式的なパターンに従っているとしてみるべきではないという説得力ある指摘です。パースは，第三性を特徴づける点を見出すことを躊躇していました。彼は，媒介と表象という二つの機能を考えていましたが，この最後の語彙を通常の意味に誤用されることを懸念していました。

　表象体を，定義全体と主体を明確にするという拡大したものにしていると思われます。と言いますのは，表象体は，主体と対象の関係を解釈する能力

を促進する特質を持つからです。解釈のない関係があるとは思えません。けれども解釈するということは，アセスメントすること，あるいは意味を与えることだけではなく，ほかならぬその行為（第三性の要因としての行為）を通して，解釈項による主体の置き換えを促進させる可能性を示し，その解釈項が他の解釈項にこの役割を果たすような方法過程を続けていくことです。ここに，本質的な発見があるように思われます。すなわち置き換えと力動に加えて，解釈のつながりです。主体と対象との関係は，解釈項の作用によって変形させられなければならないだけではなく，それがその他の解釈項に応用され，解釈の領域を広げます。これらの仮説は精神分析にとって非常に重要なことなのです！　最初の帰結では，主体と対象との関係（いわゆる「対象関係」）についての限られた言及では不十分です。私の考えではそれは間違いです。もし私たちが，パースのものに（主体の分類とは異なる）解釈項の分類を付け加えるなら，解釈項の概念とともに，それがある特定の機能を果たすようになるだろうと言えます。その役割は，特定の経験における主体と対象との関係の所産を拡げ，一般化します。私は「他の解釈項」への適用についてのパースの定義をこのように理解しています。これを「他の主体」と混同してはいけません。それは，解釈項が他の解釈項とつなげられる主体についてのディスクールにあります。二人以上の者が，関係性のやりとりを分有し，一般化する必要があるという基本的な考えです。この三者が関与することこそがこころのマトリックスです。思考過程の観点から，コミュニケーション過程の複雑さを十分に表せるものでないゆえに，二者関係ではそうなりません。このことは，ビオンの思考thoughtと思考作用thinkingとの区別を思い起こさせます。そこでは考えを変形させるための装置を必要とします。言い換えますと，表象は，関係性に関与する異なる要素についてというより，関係性の表象です。解釈項とは，ひとではなく記号であり，記号であるものの様式を特徴づけるものです。強調すべき重要なことは，主体－解釈項－表象の間の一致です。ある点では解釈項の作用は，不可分なものに意味をもたらし，その媒介の性質が対象との関係につながりの役割を果たすだけではな，さらに連続性を確実にする役割を果たします。なぜなら，その関係性を再生産する潜在能力があり，他の解釈項のための主体の場所に位置すること

を可能にするからです。もし私たちがこの作用を考慮しないなら，分析設定における解釈のプロセスのいかなる意味をも見出せないでしょう。と言うのは，患者の素材から分析家が解釈するものは，被分析者の内的世界と対象としての分析家に素材がコミュニケートされるやりかたとの両方だと考えられるからです。思考とは記号の操作です。思考作用は，それ自体を表現する記号から離れては存在しません。この思考の能力は，解釈の無限のシステムへの道を広げます。ここで私は，私たちがいかなる他の哲学者よりもフロイトに近いと思うのです。パースの関係性の論理は，精神のことについて応用されます。それらを発達の問題に適用するとしても，あるものから他のものへと次々に生じていくというよりも，異なる時期においてもいかにそれらが同時に存在しえているかを知ろうとするべきでしょう。真なる理解としては，原初的な段階での理解が思考作用という高度な形式への鍵となるという考えを諦めなければなりません。第三性を通してのみ，私たちはこころの関係性を理解する可能性を持てます。おそらくその理由は，このようなことなのでしょう。どんなに蒼古的な転移関係が生じても，それは分析関係の中で起こるために，純粋な蒼古的なものではありません。むしろ蒼古的なものを喚起させる再組織されたものとして認識されますから，分析家のこころにおいて理解可能なものなのです（もし単に蒼古的なものであったなら，そうはならないでしょう）。夢の分析が示すものには，その語りにおいてだけでなく，私たちが夢作業と想定するものにおいて，解釈可能な三者性の形式が存在しています。どんな年齢であったとしても，精神分析的治療は全て解釈に基づいています。いわゆる二者関係を扱うときでさえそうなのでしょうか？　解釈を通して，二者状況は修正が可能です。いわゆる二者関係にも，第三性と何らかのつながりがあるに違いなく，患者が若ければ若い程，あるいは退行していればしているほど，第三性について患者から聴くことができるでしょう。このことは，私たちが過度に単純化された説明を信じる代わりに，第三性の方向性を探求していくことを促してくれるに違いありません。私は，文化的経験の立場におけるウィニコットの考えは，これらの考えの観点から理解できるだろうと思っています。ビオン——より正確に言うとビオンによって引用されたキーツ——は，神秘と疑念に耐えうる能力として，分析家である私

めに求められる資質としての負の能力について語っています。またここで，ウィニコットの潜在空間に言及するべきです。それはほとんど観察することはできませんが，想像を通して到達できるものです。ラカンもまた存在と不在に関する言語の役割を強調しています。ビオン，ウィニコットあるいはラカン——あるいは実際は，フロイトの概念や表象の発展——から生まれたこれらの概念すべてが，表象の前提条件として，不在を用いています。そうでなければ，知覚が活動し始めたとしても，知覚においてさえ，物事はそれほど単純ではありません。これもまた通常の気づきを超えて作用している表象を含んでいるからです。

　精神の本質が二者関係に還元されることは決してないことを示すことができたと思います。私はこのような発見が自分の功績だというほど厚かましくはありませんが，自分がどこに立っているか，私の考えがどこを基盤にしているかということはわかっています。また私が確信していることは，多くの方々が精神分析の異なる概念のために格闘していること，またメタファーは幻想を支持するものとしてときに危険なものであるということです。精神の本質を，避けがたいメタファーの次元を含む第三の要素なしに理解することができると信じるのは幻想だと私は思います。

第四講

ウィニコットの遺稿：
『人間の本性』について

ィニコットと私には少なくとも一つ共通点があります。それは，私たちが講演を楽しんでいるということです。クレア・ウィニコットは，1936年に夫のドナルド・W・ウィニコットが，スーザン・アイザックスに招かれて指導者や専門家に向けて講演をしたことを私たちに伝えてくれています（Winnicott, 1988）。彼は，戦後に講演を再開し，1954年から1971年まで行いました。彼の講演は盛況でした。それは，講演を興味あるものにするべく，自身を自由に表現したからでしょう。彼は1954年以来，その講演内容を本に編纂しようとして，草稿を二度作りました。最初のものは1954年に書かれ，第二のものは1967年に書かれましたが，彼は最終稿を準備しながら，その本を刊行させることができませんでした。ですから，死後に出版された本，『人間の本性』（1988）は未完成交響曲の断片と記すことができるでしょう。創造的な人の準備段階のまま残された作品は，完成し出版されるに至った作品と比較して，多くのことを教えてくれることは周知のことです。私たちは，それとフロイトの『精神分析概論（1940a［1938]）』とを比較することができます。フロイトの『精神分析概論』もまた，フロイトの死によって未完のまま残され，完結したものではありません。

このスクウィグル公開レクチャーは，1996年6月29日レジェントカレッジにて，D・W・ウィニコット生誕100年記念のなかで行われたものである。

ウィニコットの著作は多く出版されていますから，彼の功績を称える独創的な方法は，ウィニコットの書かれていないものについてコメントすることだと私は思うのです。ヘンリー・ジェームズ（ウィニコットが第一次世界大戦の間に読んでいた本の著者）は「真珠［訳注：貴重なもの］は書かれていない」と述べています。私たちは書かれていないものというよりも，出版されていないものについて論じていくことにしましょう。ある意味，未完のものは，書かれていないものに等しいのですから。それはまた，語られなかったことと公表されたものとの間の移行的な著作に触れていくことだとも言えるでしょう。この本は生のままですから，テキストであってテキストではないのです。

　さて，『人間の本性』を読んだ後に，私は二つの結論に至りました。一つ目は，ドナルド・W・ウィニコットの要約したものは，フロイトの仕事の継承であったということです。著者は，フロイトを放棄するのではなく，むしろ彼の仕事を完成させています。二つ目は，ウィニコットがいかに独立した思索家であったかということです。彼は，英国精神分析協会における独立学派の真の指導者でした。このことは，彼が敬服すべき思索家であるとすることの理由です。『人間の本性』は哲学の古典的概念です。今日，それは哲学者の間での多くの懸念を生じさせています。と言うのは，それがまるで歴史的文脈を考慮せずに，ひとの本性を固定され硬直化した概念と見ていることを含んでいるからです。ウィニコットの考えの出発点を確かめるべく，哲学に戻ってみましょう。**人間の本性の概念**は，ひとに**特有な文化的**（芸術，科学，倫理，宗教）な本性が持つ目的や到達点と，**自然な本性**とも言える**動物的な本**性が持つ到達点や目的との対立を当然伴います。フロイトの仕事は，その二つの中央に位置します。すなわち，誕生から成人，イドから超自我というように，個体発生を理論的に記述しています。それは，生物学と関連した領域とも関係しています。その領域は，遺伝的なものから次第に出来上がっていく（後成説）か，あるいは遺伝的なものと後に獲得したものとが区別できなくなるほど混ざり合って遺伝的なものがかなり変わるかのいずれかですが，いずれにしても子どもの発達上では遺伝とともに生じます。本性についての哲学的な定義は，**ある形式を現実化する存在の発達をもたらす原理**を意味し

ています（Lalande, 1968）。ここには，アリストテレスやベーコン，デカルトの思考が含まれています。**本性とは**（神の啓示や恩寵あるいは文明と対立する）ひとの**ありのままの状態**です。ここに矛盾があります。つまり本性は，一連の法則や決まりを伴うものとして，あるいは，無秩序との同義として理解されています。ウィニコットはおそらく，ジョン・スチュアート・ミルの『自然論On Nature』（1874）に触発されたのでしょう。**いずれにしても，この用語は，自家撞着する多くの意味を持っています。**――付け加えるなら――**人間の本性もまたそうなのです。**

　私たちの仕事は哲学的なものではありません（たとえ私たちの仕事を定義するために，使用する用語の意味を知るのに哲学を学ぶことを避けられないとしても）。私たちの仕事は人々，つまり子どもたちや，もはや子どもではない人々（Paula Heimann, 1989）を分析することです。「はじめに」においてウィニコットは，一人の分析家がその職業生活において分析するのはおよそ70人の患者にすぎないことを気づかせてくれます。70人の患者をもとに，人間の本性についての結論を引き出すことは，大胆な試みと言えるでしょう。一方で，精神分析家として，大勢の人々について，深くそして徹底して理解しようとした人は彼以外誰もいません。彼は，小児科医という彼のバックグラウンドを強調し，小児科，児童精神医学，成人の精神医学と精神分析（子どもと大人の）の関連を重視していますが，私も全面的に意を同じくする重要な考えについて述べたいと思います。

　　「ちょうどこのころに，私はより精神病的な成人患者の治療に次第に興味を持つようになり，そして，精神分析的治療の過程において深く退行している成人からのほうが，乳幼児の直接観察や2歳半の子どもとの分析から学べることよりも，幼少期早期の心理について多く学ぶことができるということに気がついた。精神病的な成人との精神分析的な作業は，かなり過酷で時間のかかるもので，絶対に成功するとは限らないということは明らかなことである。悲劇的に終わってしまったある症例では，私は，報われる期待もなく，私の職業人生のうちの2,500時間を費やした。それにもかかわらず，この仕事から私は比類ない多くのことを学ん

だのである」(Human Nature, p.50)

　この文章を読むと，直接的な乳児観察という現在の洗脳に対して溜飲が下がる思いがします。

　『人間の本性』は，豊かで多くの示唆をもたらしていますが，私はウィニコットが論じたかった課題の中から，いくつか選んでみたいと思います。これらのすべてが，それまでの彼の著作のどこにも述べられていないということは，大変興味深いことです。たとえば彼の欲動の重要性についての再認識は驚くべきものです。私が選んだ課題に入る前に，一つ強調したい点があります。それは私というよりみなさんのためなのですが，**情緒発達**における特徴についてです。これは一般に英国の精神分析に共通したパラダイムです。このことは，どちらかと言えば自我（非常に注意を要する概念）について強調する北米の精神分析家ではそれほど強くは言及されていませんし，イギリス以外のヨーロッパの分析家もほとんど言及しておらず，むしろ自身の好みに従って，彼らの強調点は欲動あるいはシニフィアンへと向かっています。ウィニコットとビオンは，情緒発達と情緒的な経験をひとのはじまりに位置づけています（あるいは，1988年にアダム・フィリップスはT・S・エリオットを引用して，ウィニコットはおそらくはこれらをひとの最終的な主たるゴールとして意味しているだろうことを述べています）。言い換えるなら，それを，はじまりに位置づけるか，中心に位置づけるかは，発達的な視点で見るか，あるいは構造的な視点で見るかによって決まります。これは第Ⅳ部の「本能論から自我論へ」の書き出しにおいて明確に述べられています。

　　「情緒発達の早期の現象を描写するために，三つの異なった言葉をいくぶん意図的に用いることにした。最初に私は，次のことを論じることにする。

　　　a．外的現実との関係性の確立について

　　　b．未分化な状態からユニットとしての自己の統合について

　　　c．精神が身体に宿ることについて

　　記述していく順序を決めるために用いる，発達における明確な思考の順

番を私は見出すことができない」（Human Nature, p.99）

興味深いことにウィニコットは，1945年の彼のかなり初期の論文で，このことについて言及しています。彼が述べた思考の順番は，彼の思考を導く主要な考えとして用いることができるでしょう。私たちがここで注目できることは，次の通りです。

- 原初における外的現実の重要性
- 方向づけの指針；自己としてのユニットの未統合な状態
- 身体のなかに住みついた精神

（ジグムントとアンナの）フロイト派や（メラニーやその他の）クライン派とは異なった，ウィニコットの独自性をここに容易に見出すことができるでしょう。この本のなかには，預言者ウィニコットが存在します。第Ⅰ部の「はじめに」の最後に，彼は次のように述べています。

「私は〈児童精神医学が認められる〉この日が来るのを待っていたし，30年もの間ずっとそれを待ち望んでいた。しかし危険なのは，その新たな発達の苦痛な面が避けられ，抜け道を見つけるための試みがなされてしまうことである。精神障害が，情緒的な葛藤に因るのではなく，遺伝，体質，ホルモンバランスの不均衡，粗雑な間違ったマネジメントに因るものだと理論が再定式化されてしまうかもしれない」（Human Nature, p.10）

このとき，ウィニコットは神経科学や認知科学について知らなかったはずです。当時その用語がなかったとしても，そのことは既に存在していました。それは予言ではありましたが，思索におけるそうした耐え難い進歩が台頭した後の，避けられえない後退に基づいたものでした。アメリカ合衆国で，現在フロイトに非難が向けられていることは，驚くことではありません。
　私は次のことに関してコメントをするつもりです。

1. 精神－身体，魂，心，知性の違い
2. 本能論，性愛，攻撃性，そして死の本能
3. エディプスコンプレックス
4. 対象関係論
5. 現実，内的，外的

　みなさんは，それがこの広大で未踏の全体性への探索を唯一可能にすることを必やずおわかりになるでしょう。ウィニコットがもし言いたいことを最後まで書くことができていたとしたら，一体どんなものをそこに含めたのだろうとの論点を思いめぐらすかもしれません。

精神－身体，魂，こころ，知性

　『人間の本性』を読むと，ウィニコットの仕事における精神－身体〈心身〉の重要性に衝撃を受けます。彼ははじめの章でそれについて詳細に取り扱い，「心身症（精神－身体障害）再考」と題された章でこの本を終えています。これは，理論的な枠組みとして，情緒発達が原初的な前提であることを示しています。つまり，人間の精神の基礎的な部分を担う情緒は，（フロイトが，本能が身体における精神の根源であると考えたように）身体に根づいているということです。ですから，言うなれば「受肉incarnation」（**精神分析が心因性**と非受肉を同義だとする対立する考えを受け入れない）という概念の重要性は，人生の早期における身体の問題が精神発達の重要な要因である事実を含んでいます。第Ⅳ部の第3章において，彼は，身体に精神が**宿る**ことについて興味深い見解を示しています。彼は，ディディエ・アンジュの皮膚－自我の概念を予見していたかのようです。その概念は，**境界性パーソナリティ障害**における機能として見出せます（Anzieu, 1985）。その上で彼は次のように述べています。

　　「多くの場合表面上は心気症的，神経症的な要因が示されているようであっても，心身症の根底には，精神病的不安が存在している」（Human

Nature, p.8）

　故ピエール・マルティが率いたパリ心身医学派が研究しているように，精神病と心身症の関係性は有望な研究分野であると私は確信しています。ここにおいて，統合の概念にとって，誕生の際に想定される状態としての未統合と退行の結果である解体とのウィニコットが行なった識別が重要になります（Winnicott, 1962）。私の考えでは，この精神−身体関係の概念をフロイトの本能の概念，「身体と精神の境界における概念」から切り離すことはできません。

　ここに，身体と精神（結合と分離として）の相違と，自己と環境の相違という二重の相違があります。私は，**自己をその身体と外的世界，すなわち他者との間にある**と位置づけるつもりです。精神は，有機体と環境の間にある中間構造です。さらなる区別が，一方では有機体と身体の間，もう片方では自己と環境，大文字の他者との間で必要とされます。さてそれは，「より遠い外側」に対する「より深い内側」の問題というよりも，むしろ，第一に身体の深遠において，第二に世界における境界を超える**二つの他の外側**other outsides と境界をなす直接的経験として自己を区別する問題です。フロイトは，イドは自我にとっての第二の外的世界であるとすでに述べています。ここで重要な概念を示したいと思います。「自己の要素を集めることは，私でないものへの敵意ある行為を構築する……」（Human Nature, p.124）集団，社会，国家の統一性が，他の集団，社会，国家に対する妄想に基づくと示唆されるように，私たちの統一性は，妄想的な流れに基づいています。1996年のヨーロッパ〈イギリスにて狂牛病が人に感染することが報告された年〉を思い出してみてください。ここで狂った牛について説明する必要はないでしょうが，その狂気は，他の地域にも広く蔓延しました。

　では，ウィニコットにとっての**魂**soul について見てみましょう。精神の特質は，身体が機能することを想像力で補うものとみなされます。これは，脳の正常な機能を意味します。このとき魂は健康でもありえますし，病気でもありえます。ウィニコットはこのことに多くの反論を想定しています。けれど，みなさんがマクベスを読めば，事ははっきりとするでしょう。シェイクスピアは，神学者だったらしいジェームズⅡ世にまつわる戯曲を書きました。

マクベスの魂は病んでいますが，彼の霊魂spiritはそうではないとみなさんにはおわかりかと思います。おそらく魂は肉体に依存しているので汚染されえます。ですから，魂は浄化しなければなりませんが，霊魂は神によって守られています。「魂の健康は，人為的に〈脳を〉損傷すること（前頭葉白質切截術）とは相容れないものである。脳を切断して行動を改善しても，それが健康になることにはならないからである」（Human Nature, p.52）。ウィニコットが創り出した非常に独創的なものは，彼の**知性**に関する概念です。「知的な健康という言葉にはなんの意味もない」（Human Nature, p.12）というのがあります。おそらく知性が他者とのつながりを全くもたないからでしょう。知性は脳の機能に依存しています。それは量的に評価されます（ウィニコットは知能指数に言及しています）し，あらゆる脳の物理的損傷に影響されます。今日私たちは，精神分析的アプローチを除いた認知科学の試みについて考えることができます。この科学が意味するのは，私たちの判断が知性とは同義ではなく，主体的で情緒的に決定された精神活動に基づいた要因の影響を強く受けていることを否定しているということです。この問題は，ウィニコットが次に述べたように，大変複雑です。

> 「機能の基盤としての健康な脳であったとしても，精神それ自体が病むこと，つまり情緒発達上の失敗によって精神が歪められることがありうる」（Human Nature, p.12）

さて，いよいよこころについてお話ししましょう。「こころmind」はフランス語に訳すことができない言葉です。私たちは通常それを「**エスプリ esprit**」と訳すのですが，これは不適当なのです。こころは霊魂ではありません。ウィニコットは次のように言っています。

- 子どもの身体は小児科医の領域である。
- 魂soulは教会の聖職者の領域である。
- 精神psycheは力動的な心理学者の領域である。
- こころmindは哲学者の領域である。（Human Nature, p.7）

ウィニコットは，『人間の本性』の第7章で，次のように要約しています。

> 「はじめにあるのは身体であり，それから健康な場合には精神が徐々に
> 身体へと錨を下ろしていく。遅かれ早かれ，知性やこころと呼ばれる第
> 三の現象が生じる」（Human Nature, p.139）

ところで，精神が身体に錨を下ろすのは，派生的であることを思い出して
みましょう。つまりそれは，身体とは別のものとして精神が誕生した後に生
じます。

ここで再びフロイトの仕事との違いについて見てみましょう。精神分析の
創始者は，あらゆるものは，その精神的な原初の形式，すなわち本能を通し
て身体から始まると考えました。けれど，ウィニコットによれば，これは第
二の動きとして現れるものです。果たして，精神がそのはじまりから身体に
根ざしていないと想像することができるでしょうか？　精神と身体の二つの
系列が，はじまりにおいてひとつではないということをウィニコットは意味
しているのだと，私は思います。それらは，与えられるのではなく，精神－
身体ユニットの統合への到達というタスクを成し遂げねばなりません。言い
換えますと，子どもは，自分と母親の関係性の結果生み出されるものを持た
ねばならないということです。この考えが，精神－身体ユニットに影響しな
がら起こっているさまざまな乖離を説明していると考えます。ウィニコット
のこうした考えについて，これまで時間をかけてお話ししてきました。それ
は，これらの考えが古典的な精神分析理論のものではなく，より心理学的あ
るいは哲学的な部分のように思えるからです。ウィニコットの考えは，これ
からお話するような本能，対象，抑うつポジションといったより馴染みのあ
る概念に先立つものだと思い起こすのは興味深いです。こうした概念はよく
知られていますから，詳しくなりすぎないようにします。私はウィニコット
の独創性を強調したいだけです。少なくとも，彼の他の本においても，これ
らの側面は明確にはなっていません。

本能論，エディプスコンプレックス，対象関係

　これまで述べてきている理論は，ウィニコット自身の創造性から生まれたものです。彼よりも先人の発見を，彼がどのように解釈するかに目を向けるのもまた興味深いことです。彼はフロイトとメラニー・クラインの後継者であり，二人の考えを彼自身のフレームのなかで発展させています。ウィニコットによれば，子どもの発達における変容が起きる瞬間とは，彼ないし彼女が——治療者としての精神分析家の特徴でもある——思いやりの能力を獲得するときだということです。ウィニコットは，この概念の自伝的な起源について隠していません。姉の人形を彼のクロッケーcroquetの木槌（ついでに言えばフランス語で"croquer"は，噛みつく，引きずり出すことを意味します）で残酷なまでにひどく壊してしまったことでこころを痛めていました。父親は，息子がその行為の後に絶望している姿を見て，人形をなんとか修理しました。この点に，一般的なものとは異なる，発達の能力が示され，子どものなかに償いの概念が達成されたときにだけ，〈自身の〉本能の顕在化に耐えることができるという考えがあります。ですから，人間の発達の中核は，償いに導き，思いやりの能力へと進展することによる抑うつポジションです。抑うつポジション以前は，無慈悲な愛の段階です。この考えは，フロイトともクラインとも異なります。ウィニコットはフロイトの死の本能にも，クラインの妄想−分裂ポジションにも同意していません。その一方で彼は，ひとは無慈悲な愛と一次ナルシシズムに対応するものを確立すると考えています。思いやりの能力は，対象の存在と完全な世話をしてくれる対象への気づきを当然伴います。ウィニコットは部分対象と全体対象の区別の重要性を強調します。彼はそのことを，非常に単純に2歳児前後をたどって述べています。ウィニコットが考える2歳以前の赤ん坊は，部分欲動や性感帯，自体愛が優勢と考えたフロイトと同様には特徴づけられておらず，また，妄想−分裂の段階にあると考えたクラインとも異なります。ウィニコットによれば，自己を形成し，外的現実を取り扱い，一人性，自律性，自己認識，統合を成し遂げようとすることがはじまりにおいて必要です。攻撃性と破壊性は，フロイトの本能に関する最後の理論における最も議論の余地のある部分なのです

フロイト以後，そのどちらも強調されてきています。現代の精神分析におい
て，攻撃性の問題が性愛の問題を完全に曇らせてしまっていますが，『人間の
本性』においては，そうではありません。

　ウィニコットの論文「対象の使用と同一化を通して関係すること」（1968）
が，この本に何度も引用されています。この論文では，対象の存在の脱備給
がいかなる「流血」——私の言葉では——もなく行われたときにのみ，攻撃
性が起こりうることを示しています。さらに，マドレーヌ・デイビスは，ウィ
ニコットの仕事における破壊性を一つの達成とみなすべきだと示しています。
ウィニコットは，「私は"I am"」という言葉が「世界の言語のなかで最も危
険な言葉である」（Winnicott, 1986a, p.141）と考えました。

　ウィニコットは「生きる力」という言葉の必要性を述べていますが，正確
に言うとフロイトの「生と愛の本能」を意味するものです。この破壊に関す
る視点では，私たちの視野を広げ，（嫉妬，羨望，怒り，欲求不満などの）否
定的な感情を制限しないこととして考えることができます。攻撃性は，外的
世界を発見するために必要なものであり，自己と分離した対象への現実感を
獲得するための条件となります。フロイトは，1915年にはすでに，対象は憎
しみの中で発見されると述べています。この主張は詳細に議論されてきては
いますが，誤解されています。そうでなければ，私たちは非－分離の状態と
して永遠の融合の状態となってしまいます。マドレーヌ・デイビスは「破壊
性は，現実の対象の愛の無意識的背景になる」（Davis, 1985）と強調して書
いています。破壊性を経験することは重要です。なぜなら対象は万能的支配
の領域の外側にいるからです。ウィニコットは『人間の本性』のなかで，本
能論を取り上げてはいますが，十分には熟考していません。彼の説明から，
多くの疑問が湧き起こります。発達についての記述は，本能論の視点からと
自己と対象の発達の視点からとでどのようにすり合わされるのでしょうか？
おそらくこの答えのない疑問が，ウィニコットにこの本を完結し出版するこ
とを妨げたのでしょう。他にも彼が断念した原因はあるかもしれません。

　私はウィニコットの仕事の中で，いくつかの見落とされたことについて強
調することにしたいと思います。最近の見解には反するのですが，ウィニコッ
トを無条件に対象関係論の代表としてみなすことはできないと思うのです。

このことについては，マドレーヌ・デイビスが説得力を持って示しています。マドレーヌ・デイビスは，ウィニコットは進化論の見解を持っていてダーウィンの影響があると，主張しています（Davis & Wallbridge, 1981）。この視点から見ると，彼はフロイトとクラインの中間にいます。フロイトの基本的仮説に，彼が同意していることを示しているもう一つのことは，フェアバーン，クライン，バリントの概念と自分の概念を区別しており，一次ナルシシズムを認めているということです。私自身も一次ナルシシズムの存在を認めていますので，私たちがこのことで一致していると知って，非常に嬉しく思うところです。さらにウィニコットは，本能論を批判するのではなく，それを次のように尊重しています。

> 「本能が自由であることは，身体の健康を増進させる。これから導かれることは，本能をコントロールすることを強める正常な発達では，身体は多くの点で犠牲とならざるを得ない……」（Human Nature, p.24）

偽りの自己の組織化は，自身が獲得した本能の制御によるか，あるいは母親が子どもの本能を示したものを否認したり，受容しなかったりすることを通してか，といったことに依るところが大きいのです。子どもの発達において，子どもの世話と本能の機能との間で，重要な区別がなされる必要があります。

> 「**赤ん坊への十分な世話を通しての統合**に重点が置かれた場合には，そのパーソナリティにはしっかりとした基礎が築かれるであろう。しかし，**衝動や本能の経験**を通して，あるいは欲望との関連を保持したままの怒りを通しての統合に重点が置かれたとしたら，そのパーソナリティは質的に面白みがあり，興奮さえしているものとなるだろう。健康な場合には，この両者それぞれが十分にあり，その両者の組み合わせたものは安定したものとなる。どちらも十分でないときには，統合がうまく達成されないか，融通の利かないあり方で達成されるために，過度に誇張されたり，ひどく防衛的となったり，くつろぎや落ち着きのない状態での統

合となるだろう」（Human Nature, p.120）

エディプスコンプレックスへと導く衝動と本能の経験について

ウィニコットは，この関係は矛盾する見解に導くとみています。エディプスコンプレックスは，健康的なもの（人間間の関係性）の達成とみなされます。ウィニコットは，去勢不安は承認すべきことだと考えています。それは，早期のこの不安がインポテンツの激しい苦痛よりは，他の道をたどることを可能にするからです。

「完全な人間間の関係性について，ほとんどすべての側面がフロイト自身によって触れられており，実際には，既に受け入れられていることへの新たな見解以上には，今や貢献することは非常に難しい。フロイトは，無意識の実在とその力を示し，症状形成の根底にある苦痛，苦悶，葛藤を発見したことによって，私たちに不愉快なものをもたらした。彼はまた本能の重要性と幼児性欲の重要性について（傲慢とも思われんばかりに）提案した。しかし，これらのことを否認したり回避したりするいかなる理論も，役には立たないだろう」（Human Nature, p.36）

ウィニコットは，父親の役割についての見解のことでは，クライン派からではなくフランスのフロイト学派からしばしば批判されてきました。ウィニコットは，自身の晩年に，子どもが母親との分離を本当に成し遂げられるのは，唯一父親とともにいることだと述べました。これは真実です。事実，誰よりも先に父親は，子どもを母親から分離させる存在です。フェレンツィが述べたように，去勢不安は，母親と再び一体になることは，ペニスなしにはもはやできないという恐怖と結びついています。無力と絶望の状態おいて経験する，妄想的不安を伴った病理的な共生に抗する防壁であると同時に，分離させる者，去勢する者であるという父親像の多義性は，子どもの父親への関係性が，母親ほど複雑なものでは決してないとのことを示しています。

想像力で補うこと，空想，移行現象

　フロイトと同様，ウィニコットにとっても情緒発達と精神を構築するための主たる基礎は空想であり，あるいはウィニコットはそれを想像力で補うこと imaginative elaboration と呼びましたが，このことは大変重要です。「精神は，身体的に機能していることを想像力で補うことから始まる」（Human Nature, p.19）。別の言い方をするならば，想像力で補うことは不在と非常に関連していることだと言えるでしょう。精神は，二人のうちの一人が不在である二つの身体の関係性であると，私は別のところで言ったことがあります。この問題についてウィニコットの独創的な貢献は，彼が，不在あるいは逆に存在について強調することの移行的なジレンマへの道に開かれていたということでしょう。彼が行ったことは，再結合（存在）と分離（不在）との間における要点について——もう一度——考えることでした。彼が示したことは，再結合（あるいは出会いにおける全存在）に先行する瞬間，（不在が始まる）まさに分離のその瞬間において，潜在的な再結合の空間に使用されるものとして，対象がどのようにして創り出されかたかということでした。この見解は，象徴の理論にダイナミックな視点をもたらし，それぞれが分離あるいは再び結合する瞬間を強調することで，より豊かなものとしました。その結果，対象は（失われるのとは反対に）見出され，（受け取るのとは反対に）創り出されます。これは表象（すなわち記憶）と認識（すなわち意識）との間の関係についてのまったく新しい考えを示しています。身体から思考へという事象の連鎖の重要性がおわかりかと思います。知性と思考の間で，ウィニコットが行なっていない重要な区別があります。ここでビオン〈の理論〉が役立ちます。思考することは，知性化と異なる方法で，情緒体験から引き出されます。つまり，想像力で練り上げられること，空想と現実との関係へと成長する本能的な表現にその起源があることを意味しています。その創り出され-見出された対象とは，主観的な対象と客観的に受け取られた対象に起因したものです。

　さて，ウィニコットの最も独創的な貢献である移行空間と移行現象をもって，『人間の本性』を読むことを終えたいと思います。空想と移行対象の概念

は密接な関係にあります。空想と移行対象は，人間の特徴である想像力によって補うことの産物です。もし意識によって制御されない無意識的空想についてここで話していることをこころに留めておくなら，空想と移行対象は心的現実の概念とも関連しています。ウィニコットの独創的な取り組みは，私たちに，（口唇期において本能が優勢となることで引き起こされる）カオスという内的世界の理解を助けてくれます。ウィニコットが，いかに内部と外部というジレンマに囚われてしまうことを拒否したかについて思い出してください。カオスは未統合なのではなく，退行現象としての脱統合と関係したものです。言い換えるなら，カオスとは，まとまりに先立つ状態ではなく，既に確立している大変小さなまとまりが失われるということです。移行現象は，分離の結果として現れます。移行現象は，（対象は乳房であって乳房ではなく，乳房は母親であって母親でないという）逆説的な論理上の象徴化の過程に属しています。私は，移行現象を一次過程，二次過程間の仲介となる，私が三次過程と呼んだものに含めたいと思います。つまり，それらは精神分析的なワーク・スルーにとって欠かせないものなのです。

　ウィニコット以降，「錯覚」はもはや価値のない言葉，つまり存在してはならない謬見ではなくなっています。それは経験することと考えることのために有用な概念となっています。本能（「欲動」という言葉よりも好ましい）と想像力により補うこと，そして錯覚が密接な関係にあったということを，これまで十分に強調されてきませんでした。どのように関係しているのでしょう？　本能あるいは原初的な欲動とは，――その言葉が示すように――，外界に位置づけられている対象に向けての満足（これは，性愛性であろうと，攻撃性であろうといずれの本能的な目的にとって真実ですが）に関する目的を達成するために，（欲動Treibeを）前へ，外へと押し出す膨張のようなものです。これは（ミルなどが用いた）創発emergenceという概念を必要とします。創発は孤独から生じますし，また，それ以前の生気のない状態から生じますが，それはしばしばかなりの退行によって生じます。私はそれを脱備給あるいは脱投資disinvestmentと呼んでいます。いかなる場合においても，本能――愛または生の本能――は，この**成長**，存在することの「萌芽」をもたらします。私たちはしばしば，この**本能の萌芽**という言い回しを，幻覚のよ

うなある心的過程を名づけるために使用することがあります。本能は，想像力による補いの根幹にあります。本能は，若木，萌芽といった自発的に成長するものであり，即時的で完全な満足でないことへのワーク・スルーなのです。そして，これが錯覚と出会う場所です。ウィニコットは，錯覚のためによく似た記述を使用しています。それが創発という記述，たとえば目的を達成する意図を持った孤独からの成長などです。しかし彼は，錯覚は本能より以前にあると信じています。はじまりの段階では，前依存状態での孤立predependent aloneness にあります。錯覚と創発は，必然的に依存と関係し，それが対象を創り出しているという万能感を維持します。

　　「状況がさほど複雑でないときには，非常に単純なことが起こる。この単純な出来事を描写するための言葉を，見つけることは難しい。しかし，幼児におけるいきいきとしたものと，本能の緊張が増すことによって，幼児は何かを期待するようになると言えるだろう。そこで幼児は手を伸ばそうとし，想定された対象に向けて衝動的に手を動かしたり，口を動かしたりといった表現をする。私は，幼児が創造する準備ができていると言っても，検討違いではないと思う」（Human Nature, p.102）

　ウィニコットのなした，一次ナルシシズムと対象関係の間にある中間段階に関する理論化には，非常に示唆に富むものがあります。その中間段階では，母親の側面と赤ん坊の側面から構成された層について示されています。「この見解を主張することは狂気じみているが，それでもなおこの見解は主張され続けなければならない」（Human Nature, p.157）

　それから彼は，母親と子どもの〈身体的に〉共通する**一連の物質**について語り，どこまでが母親のもので，どこからが子どものものが始まるのかを述べることを難しく思っていると述べています。このような概念に関する**狂気**は，一次ナルシシズムから対象関係への発展の観点と関連したものです。交わって離れる物質は，移行対象によって表されます。

むすびに：哲学と現実

　この講演を，私は哲学とともに始め，そして哲学とともに終わりたいと思います。理想主義と現実主義の概念に直面しながら，ウィニコットは次のように書いています。

　　　「次のように言ってみよう。赤ん坊のなかには，自分のニードにほどよく，最初の積極的な適応をしてくれる母親を持つ幸運な者がいる。このことは，赤ん坊に，自分が創り出した（幻覚した）ものをみずからが発見したという錯覚を持つことを可能にする。やがて，関係を持つ能力が作られると，こうした赤ん坊は，人間が本質的に持っている孤立を認知する次の段階へ進めるようになる。こうした赤ん坊は成長して次のように言うだろう。『僕は，外的現実と僕の間に直接的な結びつきがないことを知っているよ。あるのは，結びついているという錯覚だけさ。僕が疲れてないときに，この中間領域は，とても役に立つよ。僕は，そこに哲学的な問題があるかどうかにはなんの関心もないんだ』
　　　幸運な経験がほんの少しばかり少ない赤ん坊は，外的現実と直接なつながりが持てないという考えに，とても悩まされるだろう。そしてその赤ん坊は，関係を持つ能力を失う脅威に常に苦しめられるだろう。その赤ん坊にとって，この哲学的問題は，生きるか死ぬか，食べるか飢えるか，愛するか孤立するかというきわめて重大な問題となり，それが続いていくのである」（Human Nature, pp.114–115）

　健康な人々，（ほどほどに健康で，しばしば健康ではない）哲学者たち，スキゾイドな人々，さてウィニコットはどこに立脚しているのでしょうか？　彼にしても，そして他の精神分析家にしても，どこに立脚しているのかを私たちは知る由がありません。それに，私自身がどこに立っているのかもわからないものです。みなさんは私が見つけるのを助けてくださるでしょうか？

『遊ぶことと現実』における
ネガティブの直観

1993年に，出版した本（Green, 1993）の中で，私は新しい概念——「ネガティブの作業 le travail du negative [[the work of the negative]」——について紹介しました。その序章で，私の考えを推敲する元となった一人が，ウィニコットであり，彼に恩恵を受けたことを記しました。『遊ぶことと現実』（1971b）の出版25周年記念の会では，特にその本について言及しました。今回の講演で，私はこのことについて，彼にいかに触発されたかをご紹介し，描き出そうと思います。

　もしウィニコットと私の考えに，つながりを見出せるとしたら，それはこれまで気づかれていなかったことです。ウィニコットの仕事において認識されていなかったネガティブの重要性について，私が初めて語ったのは，1976年10月にロンドンで行われた，ヨーロッパ協会の会議のディスカッションにおいてでした。マシュード・カーンは，ウィニコットについて大変精通している人ですが，彼は，私がウィニコットを誤って引用しており，ウィニコットはネガティブに言及したことは一切ないと公的な場で答えました。カーンを知っている方は，このように過激で，あいにくの誤った発言にも驚かない

この論文は，ミラノで行われた国際会議『精神－身体：小児医学から精神分析へ』の前の1997年4月6日に，『遊ぶことと現実』の出版25周年記念で発表されたものである。国際精神分析誌 The International Journal of Psycho-Analysis, 78（1997）: 1071-1084 から許可を得て，再掲載している。

でしょう。ただ，アレキサンダー・ニューマン（1995）とジャン・アブラム（1996）のウィニコットの仕事に関する最近の2冊の事典をご覧になったなら，そこにもネガティブについての記載はなされていませんから，やはり不可思議に思われるかもしれません。ですから，「それはアンドレ・グリーンの新しい概念なのではないか？」という疑問が生じます。

　それでは，『遊ぶことと現実』に話を戻し，見てみましょう。序論の冒頭で，ウィニコットは「この本は私の論文「移行対象と移行現象」（1951）の発展である」と書いています。そこで，もし私たちがその論文を注意深く読むならば，本の全体を通して，陰に陽に，その糸口を見つけることができます。実のところ，この論文にはある特殊な歴史があります。1951年の最初の版[原注1]は，同じタイトル〈「移行対象と移行現象」〉のままですが，後に修正されて『遊ぶことと現実』（1971b）の第1章となりました。1971年には，1951年のその論文は，「最初の仮説」[原注2]というタイトルでその章の最初のセクションとなりました。そこに新しい二つのセクション「Ⅱ．理論の適用」と「Ⅲ．臨床素材：空想の諸側面」が追加されています。その中でネガティブが紹介されています。セクションⅡは，既に1960年と1965年に別々に公表されたものです。このセクションは，数行の前置きから始まり，「移行現象の領域に示された精神病理」という項目へと続きます。この項目の始まりの箇所は，1951～53年の論文の最後の行が実質上修正されたものです。そこでウィニコットは，最初に精神病理学における彼の考えの適用，すなわち「嗜癖，フェティシズム，空想虚言，盗み」について書いています。『遊ぶことと現実』では，これらの適用については書かれておらず，ウィニコットはその代わりに分離と喪失に焦点を当てています。彼は，母親対象からの分離が継続される時間の観点から，分離に対する耐性の限度についての考えをもたらしました。

[原注1] 論文は1951年5月30日に英国精神分析協会にて発表されている（最初の出版は1953年，二番目の出版は1975年）。

[原注2] この最終版では，精神病理学の最後の行は省略されている。『幼少期のフェティシズムと対象選択』（1946）における狼男の論文の議論も同様。私たちはこの自己検閲あるいはこころの変化の重要性に戻るべきである。

彼は，「紐」と名づけた臨床例を提示しています[原注3]。『遊ぶことと現実』のセクションⅡは「1969年の付記」と共に終えていますが，それは，死後に初めて公表された内容を含んだものです。

＊　＊　＊

　私が述べることの多くは，この論文の最終版で，まったく新しいものになっているセクションⅡの臨床素材から拝借しています。しかし，1951年の本においてすでに新たな考えの基となった論文が示されており，ネガティブについての明白な考えが十分に練り上げられ，まとまるまでには長い準備期間を要しています。臨床素材は，「喪失の感覚そのものが，どのようにして，その人の自己の経験を統合する方法となりうるか」(Winnicott, 1971b, p.20)ということを示していると考えます。ここでのネガティブについての言及は，明らかに病理的な構造に伴ったものですが，この論文において，ウィニコットの正常な発達に関する考えとつながる概念の別の側面があると私は考えます。その章の冒頭や1951年版においてそのことを見ることができます。

　たとえば，「**自分でない所有物**」として移行対象を定義することは，ニードを満たす対象，欲望の対象，あるいは空想された対象のような，通常はポジティブな意味を持つ対象の概念とは異なる視点を示唆します。ここでは，対象は万能感に関する多くの含みを持った「自分」のネガティブとして定義されています。ウィニコットが行ったように，最初の対象と最初の「**自分でない所有物**」を区別することは，私たちの考えることに寄与します。もしこれが二人の身体の二つの部分，口と乳房の間の中間領域に位置づけられた場合は特にそうでしょう。そしてそれは，それらが分離した実際の空間だけではなく，分離の後に再結合する潜在空間においても，それらの間に第三の対象を創り出します。またこれは，存在しない何かについての考えを示唆していますから，ネガティブのもう一つの意味でもあります。この「第三」の対象の見解は，分析状況において適用できるものです。患者と分析家との間で，

[原注3] この小節は，別々に出版されており，ウィニコットは雑誌『子どもの心理学と精神医学 Child Psychology and Psychiatry』のvol.1と『情緒発達の精神分析理論』(1965)において言及している。

言い換えるなら，転移と逆転移のプロセスの間での交流は，分析固有の成果である「分析的第三者」（Green, 1975）を創り出すという理解を私は提示してきました。この考えは，オグデン（1994a, 1994b）やギャバード（1997）によって発展してきています。

　移行対象を創造することは重要です。それは，「使用された対象というよりも，むしろ対象を使用すること」（Winnicott, 1971b, p.xii）です。ここでウィニコットは，その使用に含まれる逆説について簡潔に述べています。彼曰く，無理に解決しようとせず，受け入れられ，耐えられ，尊重されなければならないのです。注目されてこなかったその逆説は，ネガティブへの耐性を含んでおり，ウィニコットの象徴に関するセクションで言及されています。ウィニコットは，「現実に存在するけれども，それが乳房（あるいは母親）そのものではないことが，乳房をあらわしているという事実と同様に重要である」（1971b, p.6）と書いています。さて，同じセクションの非常に重要な表現について見てみましょう。空想と事実，内的対象と外的対象，一次的創造性と知覚に対して，彼は「移行対象」という用語は，いずれ象徴性に関連するものだと述べています。「それは，赤ん坊の純粋な主観から客観性への旅を描写しており，私には（毛布やテディベアなどの）移行対象は，**経験することへの進展の旅**と，私たちが見出すもののように思える（p.14, 著者が太字追加）」。

　ウィニコットを型通りに読む人にとっては，対立するいくつかの用語，あるいは，対の用語との空間に焦点を当てたくなりがちですが，私は旅という考えに注目したいと思います。それについては後ほど戻りましょう。旅とは，時間と関連した空間の中での動きを示し，経験の力動的な性質を表します。ウィニコットがフロイトの欲動論に代わる考えをここで発展させていますが，ここには源から対象へという空間における同様の変化をも含んでいるということを，私はあらためて示したいと思います。さて，移行空間は単なる「あいだ」ではないということを思い出してください。つまりその空間には，**移行の中に未来の主体**が存在しています。幼児がもともと手に入れていた現実の外的対象にまつわるものに関して創り出した所有物の中に，移行はあります。

* * *

この正常発達の概念から，ウィニコットの仕事はネガティブというもう一つの概念へと，次第に焦点を合わせていきます。このウィニコットの仕事までは，ネガティブは精神機能に本来備わっている性質でした。たとえば**自分でない所有物，存在しないのに存在する乳房，同時にその乳房の代替が存在する**という逆説，内的対象も外的対象も存在していないのに，「所有している」といったことなどです。ここからウィニコットは，「複雑な説明」（1971b, p.9）を必要とする，ある病理的な問題を描写しようとしています[原注4]。「幼児は，内的対象が生きていて，リアルで，ほどよい（過剰に迫害的でない）ときに，移行対象を使用することができる。しかしこの内的対象の質は，外的対象の存在や生き生きとしているさまや振る舞いによって異なってくる。**なんらかの本質的な機能において外的対象が失敗すると**，間接的に，内的対象の死や迫害的性質を帯びることにつながる[原注5]。外的対象の不適当さが持続すると，内的対象が幼児には意味をもたらさなくなり，移行対象もまた意味を持たないものとなってしまう」（pp.9-10）。

　1951年の論文では，ウィニコットは二人きょうだいの兄Xが，移行対象の形成に失敗しているという例を示しています。兄は，早いうちから母親へ執拗に愛着を向けていました。彼はウサギのぬいぐるみを受け入れることはできたのですが，それは決して移行対象の性質を持っているものではありませんでした。意味のある移行対象のような対象の存在と不在だけでなく，その性質を示す記号の存在と不在があります。ウィニコットは，Xが結婚を一度もしなかったことを指摘しています。一方，彼の弟Yは，指をしゃぶり，難なく離乳し，毛布を受け入れ，鼻に触れるのにウールを用い，自分の毛布を表す造語を作りました。そして，Yは今では父親になっています。どちらも「正常」ですが，違いは著しいものです。これらの指摘は，この論文の『遊ぶ

[原注4] ウィニコットはここで，彼が言っていることとメラニー・クラインとのつながりについて考えている。

[原注5] 1951年版では，ウィニコットが読者のために記しているように，ここが修正されている。オリジナル版では「欠如 failure」という用語の前に，「悪いこと badness」という言葉が述べられていた。「悪いこと」は『遊ぶことと現実』の中では消されている。おそらくそれがメラニー・クラインの用語を非常に彷彿とさせるからであろう。

ことと現実』版に追加された，精神病理に関するセクションへの道を開きます。ウィニコットは，その時——彼が1951年版でその考えがほとんど言及されていないのとは対照的に——，移行領域の精神病理において，不在が根本的に重要であることを理解しているようです。彼は次のように書いています。「もし母親が，数分，数時間あるいは数日と計れるある一定の限界を超えて不在であったとしたら，内的表象の記憶は薄れてしまう。この影響として，移行現象は次第に意味を失い，乳児は移行現象を経験できなくなる。**私たちは，対象が脱備給されていくのを目にするかもしれない**」（p.15，太字追加）。この内的表象が薄れていくことは，私がネガティブの内的表象——「表象の不在という表象」——と関連づけていることです。これは，それ自体が陰性幻覚という用語，あるいは，空虚さや空っぽといった情緒，多かれ少なかれ無駄や無意味さとして表されるものだと私は主張します。

　これ以上ここでは言及しませんが，これらの観察は，美しく，感動的で，最終的には悲劇におわる紐の症例に先んじるものです。子どもの遊びにおける紐の万能性——ウィニコットのスクウィグルゲームも——は，この幼い患者についてウィニコットが母親に話したような結論をもたらします。「私は母親に次のように説明した。この子は分離の恐怖に対処しようと，紐を使うことで分離を否認しようとしているのです。ちょうどひとが友達との分離を否認しようとして，電話を使うようなものです」（p.17）。母親はこの説明をばかばかしく思ったのでしたが，考えなおして，このことを利用できたのでした。紐は，不在がポジティブに具現化されたものであり，ネガティブな結びつきです。

　1969年版に加えられた脚注で，このケースが最初に報告されて10年後，その子の病気が治らなかったことを残念ながらウィニコットは告白しています。「彼の分離の恐怖の否認は，母親が入院している間の不在だけと関連していたのではなく，母親が実際に存在していた時の，母親との接触のなさとも関連していた[原注6]。母親は，最も重要な分離は，自分が深刻なうつ状態のときに，子どもが味わった喪失だったと感じていて，それは単に母親がいなくなるということではなく，母親が他のことにすっかり没頭しきっているために，彼との接触がなくなってしまうことだったようだ，と大変意義深いことを言っ

たのだった」（p.17）。その結果，後にその子は母親との身体的な分離を決して受け入れなくなったのでしょう。

＊ ＊ ＊

　さて，その章の最後のセクションを参照することで，私たちはネガティブのより明確な考えに至る準備ができます。ここまでは，私たちはテキストからその概念を推測しなければなりませんでしたが，今から見るように，これからはその概念がはっきりと表されます。

　ウィニコットは，成人の女性患者との**ある**セッションから素材を提示しています。その患者は，**現在の分析家を，強欲で支配的な女性**とみなしているという夢の報告から始めます。そして，その夢の内容から，男性的な人物像である以前の分析家への哀惜の念へと展開します。彼女は，旅に関する破局的な不安について強烈な空想をします。その空想は，自分に起こった不幸なことを誰も知ることができないだろう，泣いたり叫んだりして聞いてもらえるのだろうか，対象は常に手の届かないところにあるというものです。ウィニコットは，「この分析の素材の多くが関係のネガティブ的側面に遭遇することで起こっている」（p.21）と述べています。これには，患者自身の子どもの時の経験と，休暇に自分の子どもを置いて出かけた経験が含まれていました。彼女は，帰った時，4時間もずっと子どもが泣き続けていたと聞かされました。ウィニコットはその状況を，母親が不在である2歳の子どもや猫には，何も説明することができないために外傷的なものだと解釈します。このことは，赤ん坊の視点からすれば，母親が「死んでいる」という経験になります。ある限界を超えた時間の後には，母親は，そこに居ようと居まいと，確かに死んでしまっているのです。それは，母親が戻って来ても，再び関係を確立できる接触がないことを意味します。「これは死を意味する」とウィニコットは述べています。このウィニコットの仕事は，私の著作『デッドマザー』（1983）ととても類似しています。非常に異なった両極が結びつくことが重要なこと

［原注6］ここで不在の概念が，その明らかな意味を超えて理解されなければならないということがわかる。

です。「母親がそこにいながら死んでいる場合と，母親が再び現れて生き返るが死んでいる場合」（Winnicott, 1971b, p.22）。その分離は取り返しのつかないことなのです。そして，その経験を繰り返す傾向は，私が述べたように，反復強迫における欲動の顕在化と同じくらい強力です。

　第二次世界大戦の間，11歳のその患者は，自宅から非常に離れたところに疎開しました。彼女は，子ども時代のことをすっかり忘れ去っていました。しかし一方で，彼女は，新しい家族の中で，他の子どもたちのように世話をしてくれる人を「おじさん」，「おばさん」と呼ぶことを強く拒みました。彼女は「**彼らをどんな呼び方もしない**」ようにしており，そのことはウィニコットが述べているように，「これは，彼女の母親と父親を**覚えていることのネガティブ**であった」（p.22，太字追加）のです。

　これらネガティブの多くの例は，ウィニコットが，それまで理論的重要性を発展させる機会がなかった見解にいかに近づいていたかを示すものです。読者も同様です。そのすべては欠乏を意味しています。記憶の欠如，こころの中の欠如，接触の欠如，生きていると実感することの欠如，これらすべての欠如は，欠落（gap）という考えに要約できるでしょう。しかし欠落は，単純な空虚さや失われている何かについて起因するのではなく，現実的なものの基層となります。ウィニコットは，唯一現実的なものは欠落であると述べています。「すなわち死や不在や記憶を失うこと」（p.22）です。セッションにおいて，患者が重要な記憶喪失を経験するときのことを，ウィニコットは次のように書いています。「私にとってとるべき重要なコミュニケーションは，消してしまうことが起こっていて，その空白こそが唯一の事実であり，唯一の現実であったのかもしれない。健忘が現実なのに対して，忘れ去られたものはその現実性を失っている」（p.22）。消しされるものや，あるいは私の用語で言うところのネガティブな幻覚を経験することと，単に忘れられることやフロイトの用語の抑圧とを区別することは容易でしょう。

　セッションのある時点で，その患者は，かつて退行していた時に身体をくるんでいた面接室のひざ掛けがあることを思い出します。けれど今や，彼女はそれを使おうとしません。「その理由は，そこにないひざ掛け（彼女が取りに行こうとしないため）が，分析家が持ってくるかもしれないひざ掛け（た

しかにそうしようと考えた）よりも現実だからである」（p.22）。ひざ掛けを使わないということが，必要不可欠なことだと私なら付け加えるでしょう。ウィニコットのもとを去るセッションの最後に，彼女は引き返してきて，そのひざ掛けは心地良かったが，その心地よさより現実（リアル）のほうが大切だと，ウィニコットに伝えています。彼女は，ひざ掛けを使うことが許しの証だろうこと，あるいは償いが起こることを表現しています。もしそうなら，復讐という現実（リアル）は薄れていくでしょう。もっともこれは，ウィニコットの考えではなく私の考えです。

　セッションの終わりに，患者は，以前の分析家（相当に不満を語っていた）のほうが現在の分析家（ウィニコット自身）よりも，彼女にとっていつも重要なのだとの考えに至っています。患者は，ウィニコットが彼女に良くしてくれていることをわかるようにはなっていますが，以前の分析家の方が好きだと告白せずにはおれないのです。ここでこの患者は，この状況を，フロイトを思い出させる言葉で描写しています。「彼がいない（ネガティブ）ことは，あなたがいる（ポジティブ）ことよりももっと現実（リアル）なのです」（p.23）。その取り組みにおいて，次のように彼女は言っています。「きっと私は，決していなくなったりしない何かが欲しいのだと思います」（p.23）。ここにいないものは，決して消えることのない悪い対象であることは明らかです。そして**悪いものは，存在しているか不在であるかにかかわらず，悪いものとしても，非－存在としてもその両面においていずれにしてもネガティブなのです**。属性の判断と存在の判断は一致します。悪いものはそこに存在しているに違いなく，もしそうでないなら，現実（リアル）となる空虚さや空っぽさと同様に不在であり，それはそこに実在する対象よりも現実（リアル）となります。「現実的（リアル）なものは，ここにないものである」（p.24）。

　その患者は知的にかなり恵まれた人でした。当初からウィニコットは，彼女が知性を駆使するのは，精神的な欠損の恐怖を反映しているためであることを伝えています。実際に，彼女の用いた象徴物はしばらくの間は現実的（リアル）なものだったのですが，結局それらは薄れていきました。それには，彼女の近親者に統合失調症様の状態が生じていたため，彼女が不安を抱いていたという理由がありました。

皆さんには，この不安がいかに統制されていない攻撃性と崩壊の脅威と関連しているかということがわかるでしょう。その代わりに，患者はその破壊を抑え込む装置を組織しました。患者は，母親がいない間，恋を占うためのヒナギクのように，紙で作った蜘蛛の足を毎日引きちぎっていたということをウィニコットに語りました。一方で，彼女の身内においては，分離の否認がみられていました。母親は，不満を言うことや母親を悩ませることは悪いと感じるように常に子どもに求めていました。患者が2歳半のときのことです，4マイルも離れているのにもかかわらず，母親は「私たちがいない間，あなたの泣いている声がずっと『聞こえていたわよ』」(p.24) と言ったのでした。彼女には，母親が嘘をついていたのだと認めることができませんでした。おそらく彼女は母親が何でも知っていると思っていたからです。もし母親が彼女の声を聴いていたのなら，彼女は母親から離れていないという気持ちを持てたのかもしれないということなのでしょう。

　明らかに象徴化は存在していましたが，明確に理解される必要がありました。象徴化が現れている多くの証拠がありました。しかしウィニコットが述べているように，患者は次第に「それらが象徴しているものの現実性（リアルさ）を疑うこと」(p.24) をしなければなりませんでした。

　患者は人生の中でずっと，動物や子ども，そして彼女のあらゆる所有物を失う恐怖につきまとわれていました。それは「私が持っているものすべては，私が持っていないものなのです」(p.24) という言い回しで定式化されていました。ウィニコットは「ネガティブであることのみがポジティブなことである」(p.24) とコメントしています。患者からそれは何について言っているのかと尋ねられた時，ウィニコットは黙ったままでいたのですが，そのあと「私は何というべきかわからないので，黙っているのです」(p.24) と言いました。その答えは患者を喜ばせました。おそらく分析家が自分の無能さを告白したものであったからでしょう。そのことはまた，彼が侵入することから自身のこころを護る彼女の能力が理解されたことであり，その能力は，彼を壊滅し彼に勝つことになるものでした。

　この素材のすべては，一つのセッションからのものです。彼女は，分析家を残し別荘への鉄道旅行に行こうとしていたのですが，セッションの終わり

際に，途中まででもウィニコットも一緒に行かないかという思いつきを言いました。しばらくすれば，分離はもはや問題とならないのでしょう。彼女は，母親に同一化をしているウィニコットを冷やかし，たくさんの赤ん坊や子どもがあふれ返った列車で，当然のごとくよじ登られたり，膝の上で吐かれたりされるだろう彼を想像していたのでした。あきらかに，彼女はセッションの間に含まれていたすべての悪い対象を投影するために彼を利用していましたし，セッションの後の別荘への旅の間に，それらを吐き出す想像をすることができました。

戦時中に疎開した時，もしそこに両親がいるのなら会いたいと思ってその土地に行ったと彼女は語っていました。彼女はそこで両親に会えるだろうと信じているようでした。一，二年の後になってようやく，両親はそこにはいないこと，そして「それが現実(リアル)であった」(p.5)ことを彼女は悟ったのでした。

＊＊＊

この講演の準備をしているとき，1987年に「ネガティブの作業」に関するセミナーで発表し，ずいぶんと以前の私の本（1993a）に記載したある患者との臨床素材のメモがあることを思い出しました。私はそれを読み返しました。そのセッションを報告する前に，その患者との面接について簡単に説明する必要があります。私がロンドン大学で教えていた時のことです。ある女生が私に面談を求めてきました。彼女は私の最初の講義に出席していましたが，友人から私に会うようにと言われていたことを覚えていました。私にとっては身に余る賛辞だったのですが，その友人は私がフランスのウィニコットのような人だから，是非会うべきだと言っていたのです。この患者は，数年間ウィニコットに治療を受けていたと私に語りました。彼女がウィニコットとの治療を中断してしばらくの後，ウィニコットが亡くなりました。彼女は，他の人との治療を何度か試みたのですが，うまくいかず，誰とも続けることができないことをひどく嘆いていました。

彼女は，まだ若い頃に，最初の分析を受けています。かなりの犠牲と労力を払ったのですが，その分析は陰性治療反応によって酷い結果で終わりました。治療は，彼女にうんざりした分析家によって中止されたのでした。ウィ

ニコットと出会うまで，彼女は多くの分析家やあらゆる類の治療者と会ったのですが，いずれも早晩治療を断念していました。終に彼女はウィニコットと出会ったのでした。彼女は，彼との面接にまったく特別の印象を持ちました。「ウィニコットのような人はどこにもいない」と彼女は私によく言っていたのですが，確かにそうだろうと私も思います。

　私との面談の後，彼女は私に何らかの援助を求めているようではありましたが，お互いに違うところに住んでいましたから，本来の分析ができないことを二人ともわかっていました。私はロンドンで教えていた時でさえ，パリとロンドンを毎週行き来していました。そこで，彼女と数回面接をした後，年に3〜4回，1週間かそこらなら会えると提案しました。私には，特にこのような患者とは，それが不適切なものであり，彼女が私との分離にひどく悩まされるだろうとわかってはいました。今なら，誘惑されていたと言えますが，最初の面接の時の接触は良質なものに思えました。そして，面接で，彼女自身に生じていることが何であるかを彼女が理解する手助けができるだろうという想いを私は持ちました。ともかく，彼女への援助を断ることは，彼女にとっては単に拒絶されたとだけ経験されるものであり，私にはそれができないように思われたのです。彼女は私の提案を受け入れました。しかし，私が予想していたことが起こりました。彼女は慢性的なうつ病の激しい状態に陥り，私はその時会えない事実に対処しなければなりませんでした。私は彼女にその間，ロンドンで誰かに診てもらうべきだと提案しました。彼女は，私が是非にと薦めた同僚に会おうとしたのですが，あらゆる理由でそれは叶いませんでした。これには，その同僚に対して彼女が強い陰性感情を持ったこと，彼女には私との関係を辞めるつもりがなかったゆえに同僚も臨時の代理治療者のポジションに置かれることを断ったことという双方の理由がありました。

　私は，両者どちらにも受け入れられない解決策を提案してしまった間違いを犯したことがよくわかりました。私はしばらくして，その患者が『移行対象と移行現象』(1951) の最後のセクションでウィニコットが述べている人物であるということに気づきました。そのセクションを再読しながら，私はウィニコットが言っていることのすべてがその通りであると感じました。私

は，その論文に書かれていることを生々しく経験するという多大な幸運に恵まれたことになります。この機会は，私には比類ないものと思われました。読んだものとの相違はありませんでしたが，ただ残念なのは，私にとって非常に重要であり，後に私が述べる，いくつかの事実についてウィニコットが述べていなかったことでした。それでは，ウィニコットの本の中で報告されてから少なくとも15年後となる，私とこの患者との10年前の一つのセッションからの素材を示しましょう。

患者は，私から完全に孤立してしまうことを非常に心配しているようでした。彼女はちょっとした物音にもビクッとし，呼び鈴や電話の音に耐えられませんでした。彼女は怯えてもいましたが，私もまた彼女の反応に脅かされたように感じていました。彼女は，まるですべてのものが不気味なものであるかのように，周りを見回しながら，混乱している様子でした。彼女は，カウチに横になることも，私の前の椅子に座ることもせず，カウチの上に座って，次のように話すことでセッションを始めるのが常でした。「私はどこにいるの？　今は何時？　私はここで何をするの？」それから沈黙の後に，彼女は話し出すのでした。

「夢を話します。**最初の分析家が私を訪ねてきます**」ややあって「**私は彼が去るだろうと思っていますが，彼がそうしないことを頭ではわかっています。私はこの状況を乗り切らねばならないので，それで，私はキスをするために彼のほうに屈みこみます**」（ネガティブな分析家は，ウィニコットというポジティブな分析家よりも現実的（リアル）でした。そのセッションの最初に，最初の分析家を私は表象しているのだろうという考えを持っていました。しかし，彼が彼女にとって実際の男性像を表しているとは確信してはいませんでした）。「その夢の後に，先生が私に会いに来ても良いと伝えるために電話をしてきました」と彼女は続けました。（彼女が，可能なら早く会いに来たいと私に電話をしてきていましたが，私は彼女に前向きな返事をする前に確認をしなければなりませんでした）。「私を幸せにすることは，私がすべての治療（薬）を止めて，気分がもっと良くなることです」。

分析家：私に会いに来るためにはどんな治療も要らないのでしょう。

患者：ええ。でも私は一体何をしているのでしょうか？

分析家：何かを続けているんでしょう，たぶん。

患者：ええ，その通りだと思います。私の問題の多くは，ここで言っ
ていることの状況と関係していますし，あそこのものとも関係
していると思うのです。そしてこの二つの間にはスペースがあっ
て，行ったり来たりする旅のように何かが起こっているように
思います。

ここからそこへ行くために私は何ができるのでしょう？　こ
こには誰がいて，そこには誰がいるのでしょう？　何によりも，
私はどうやって戻ってくるのでしょう？

　皆さんは，事実と出来事についてウィニコットが言ったことをこうした言
葉から容易に思い起こすでしょう。けれどここで彼女は，私のところへ来る
ことに一致した心の状態について語ります。それはまた，ウィニコットと私
とのつながりに関してでもあります。彼女とって私に会いにパリへやって来
ることも，海外に疎開していた時期と関連づけられているとも，私たちは考
えることができます。しかしさらに私が指摘したいのは，旅のメタファーが
主体的創造性と客観的事実との中間領域で起こっていることを特徴づけてい
るということです。重要なことは，戻って来られるということです。砂漠の
中あるいは大海の真ん中で遭難しているのではないとたとえられます。ギリ
シャ人には，帰路を失う並々ならぬ恐怖がありました。実際に，彼女はここ
で，どこにも到達できず，その真ん中で遭難しているかのようでした。彼女
は，疎開の旅の間に，ドイツ軍の侵攻によって死んでいく子どもたちの恐れ
について私に語りました。3年間疎開先で過ごし，彼女は身体的にも精神的に
も大きく変化し，彼女が家に戻った時，母親には彼女を認識できなかったほ
どでした。それは母親にとっては，彼女を亡くしたかのようでもありました。

　彼女は続けて，次のことを語りました。「私は面白い体験をしました。疎開
中，一緒に過ごした二人の友人に会ったのですが，彼女たちは私の母を好き
でいてくれて，そのひとりは『彼女が私のお母さんだったら良かったのに！』
とさえ言っていたんです。彼女は，私の母と一緒に撮った写真を常に持って

いました。そうしたことが理解できないくらい，私にとってはひどく恐ろしい母でした。まぁ，他人の子どもたちに接するようには，自分の子どもにはしないのだと，母から聞かされたものでしたけれど。私といるのと，他の子とでは，きっと母はまったく違っていたのでしょう」。

　私は「ここ」と「あそこ」に関係する何かがあるかもしれないと伝えました。「おそらくあなたは『ここ』と『あそこ』という二つの場所で，自分が同じ人物であるという確信がまるで持てずにいるのでしょう。他の子といるときのお母さんと，あなたといるときのお母さんというふたりのお母さんを一致させることが難しいのと同じように，です」。

　　患者：そうですね。私には，疎開する前の記憶がありません。けれど，
　　　　　疎開先の国にいたとき，まるで心臓が引き抜かれ，放置され，
　　　　　それでも生き続けていたという印象を持っています。15歳で
　　　　　戻った時，私は髪をカールし，口紅をつけて，ハイヒールを履
　　　　　いていました。母は，私だとわかりませんでした。
　分析家：12歳と15歳の間では多くのことが変わるでしょう。
　　患者：ええ，その通りです。生理が始まっていましたもの。でも，私
　　　　　は変わっていなかったのです。たぶんあなたにはわからないだ
　　　　　ろうことを話そうと思うのですが。エリザベス・テイラーがちょ
　　　　　うど本を書いていて，テレビに出演していたんです。彼女は2
　　　　　ストーン〈約12.7kg〉減ってしまい，薬を服んで治療をして休
　　　　　養を取って，すべてのことを中止していました［このことは彼
　　　　　女が薬を止めていることを思い出させました］。ある夢を見たん
　　　　　です。おわかりになるでしょうか。戦争の間，私たちは毎週兵
　　　　　士を招待して，一緒にダンスをするために，午後のお茶をして
　　　　　いました。そう，**彼女，エリザベス・テイラーが夢の中で，私
　　　　　の母と踊っていました**。奇妙でしょ？　まるで私が両親から離
　　　　　れることができなかったみたいです。両親について考えるとき，
　　　　　両親が私に懇願しているような気持ちになるんです。「私たちが
　　　　　いなくなることを許してくれ，行かせてくれ」って。けれど，ま

るで私がそうすることができなかったようなんです。

分析家：そうですね，2ストーンを喪失したことが問題なのですね［このことは，両親の二つの墓［訳注：stoneには墓の意味もある］を含意しており，それが彼女の身体の中にある両親の身体であったのだと私はほのめかしています］。

患者：あなたが言っていることはまったく理解できないのですが［彼女は，よく私の解釈をフロイト的解釈と呼んで，それらの比喩的な特徴について話していたものでした］。

患者：実際私の中にいる母を思い浮かべると，母はまるで怯えているみたいなんです。時間が経てば経つほど，両親の死を受け入れる必要性に直面させられますし，両親がもう存在しないことを認めきれない想いが私の中でますます強くなります。それはまるで私が両親をある種の苦境あるいはリンボ界［訳注1］の囚人として拘束しているかのようです［彼女の両親は長い間死んだ状態です］。

分析家：リンボ界には，死んだ赤ん坊が留っているのでしたね［彼女も母親も赤ん坊を失っていました］。

患者：ええ，そうです。洗礼を受けていない子どもたちがいます。

　彼女は，最初の妊娠が流産に終わったことを語りました。彼女が妊娠したことは，家族からはいけないことだとずっと受け取られていました。

　そのセッションにおいて，再度私たちは彼女の母親と彼女自身の深いつながりについて見ることができました。彼女の母親もまた，患者を出産する前に，赤ん坊を死産していたのでした。彼女は，自身の死んだ赤ん坊について，赤ん坊がもはや存在しないと考えることは決してできないだろうと言います。またしても，哀悼することができないままで，彼女と死者との間には相互的な迫害状態があります。

［訳注1］リンボ界は天国と地獄の中間に位置する場所であり，そこに洗礼を受けずに死んだ善人や子どもの魂が留まり，キリストが復活までの間留まっていた場所とされている。

患者：私の問題は，あらゆる空間と時間の問題なのだと思ってきました。けれども，ほんのわずかだけ楽な気分です。楽になるために先生たちに無理強いをしてしがみついていないからだと思います。先生たちに，もう求めてはいけないとわかります。けれど，行ったり来たりすることでまだ問題が起きてしまうのです。私は自由に旅することができないのですが，それは，旅をするとき，トイレに行けるかどうかを常に確かめなければならないからです。もしトイレのないバスで旅をするなら，私は旅を取りやめます。私は，つながりばかりを考えようとするのです。

　私はそこに行きます。私はここでつながりを持ちます。私はそこに到着します。私はこれをして，それをします。私はこうするしかありません。

　彼女は，まるで彼女と母親の間の絆がいつも存在しているような，彼女の身体部分を預けられる移行領域の中の場所を探していました。

　ウィニコットは，糞便も移行対象として理解することができると述べています。

* * *

　この二つのセッションを比較することは，注目すべきことでしょう。皆さんは，私とのやり取りでの性愛の重要な局面と，ウィニコットとの完全な不在の局面に驚くことでしょう。これは単に転移の違いによるものではありません。実際に，ウィニコットの論文には性愛に関する重要な検閲があったのか，皆さん自問してみてください。「移行対象」論文の1951年版では，狼男の論文「早期幼児期におけるフェティシズムと対象選択について」（1946）の重要な議論がなされています。その中でウィニコットは，フェティシズムと移行対象の関係について考察しています。けれども，この意義ある議論が『遊ぶことと現実』版からは消えています。その患者は性的障害のある男性と結婚したのですが，今では離婚していることを偶然にも私は知りました。（ウィニコットはそのことについて何も語っていませんが，それは単に守秘義務の

問題だけなのでしょうか？）さて，彼女は恋愛のために，分析を中断しました。転移関係から，このことは避けられないものでした。さらに彼女は，思春期には父親との緊密な情緒的関係を持っていました。父親は，彼女の女性性を認めていましたが，そのことは母親に嫉妬深い反応を引き起こしていました。しかし彼女は，自分の知的能力を十分に評価してくれないと父親に憤慨していました。素材のこうした側面を，単に防衛とか不適切なもの，あるいは重要でないものとみなすことが正しいとは私には思えません。彼女が私のところへ来たとき，泊っているホテルの人々が，パリの恋人に会いに来ているのだろうなどと噂していると，彼女はあれこれ話していました。しかし実際には，エリザベス・テイラーの夢でのように，彼女は母親との同性愛的関係を描写しています。エリザベス・テイラーは，母親を誘惑しようとしている疎開から戻って来た15歳の少女を表しているのだろうと，私は推測します。実際には，彼女は母親を強く非難していました。もし夢がなければ，このことを取るに足らない素材とみなしたくなっていたと思います。しかし，最初の分析家への性愛転移に引き続いて，母親と踊るという同性愛空想がはっきりと示されていますから，そうではないと考えます。

　同様に，フロイトが母親から父親への対象の向け変えと呼んだものの中に，少女の性愛発達の旅があります。いずれにしても，ウィニコットのセッションの要素はまだその向け変えの旅程にあります。旅，記憶喪失，両親，特に母親を失ったことへの語り，そしてとりわけ旅についての理解は，異なる人が存在していること，始まりと終わり，連続性の喪失，死の受け入れられなさと関連していました。まるで両親，特に母親の身体が，彼女の身体という檻の中で，石化した（死の結合）かのようでした。これらすべてがネガティブの作業であり，他者との関係をポジティブに持とうとすることへのかなりの苦悩に関係しています。この患者は，朝目を醒ましてベッドから起き上がるまでに「できない，できない」と叫んで数時間を過ごしていました。旅のモデルは，彼女自身のダイナミックな表象のようであり，その欠落や空虚さにおける死につつあるという感覚との戦いという究極的な試みのようです。それらは，私たちの出会いの最初の際に，彼女が述べていた不満についての多くのことを思い出させるものです。

私たちが離れている間のことです。彼女の猫が家を飛び出してしまい，通りを渡ろうとしたところで，車に轢かれ，死んでしまいました。彼女は強烈な悲嘆にくれ，その出来事について私に手紙を書いてきました。地面に横たわった轢かれた猫は，堕胎した胎児や糞便のようだという連想がありました。彼女にとって，それが意味するものが何なのかを，私はよく理解しませんが，彼女の手紙でのその哀れな猫の死骸の描写から，彼女がまったく不注意だったと思うある種の無意識的満足があるとの印象を禁じえませんでした。もし私がこれを解釈していたとしたら，私たちの関係は終わったに違いありません。明らかに，その死んだ猫は，母親−赤ん坊動物でした。その事故は，彼女のいない間に起こっていましたから，彼女の責任でした。彼女に起こったことが母親の責任であったようにです。それは，分析の旅の後でも同じなのでしょうか？

　私は彼女との分析作業で，ウィニコットとともにワーク・スルーされてきた彼女の母親との関係に関するあらゆることを，再び取り上げていました。しかし，性欲の満足感と母親を排除した文化的な交流といった父親との関係性について，少しずつですが介入していきました。彼女の知的活動は，明らかに父親との同一化によって引き起こされていました。私たちは，私たちの状況のもと可能な限り先へと進みました。魔法のような治療で彼女を治すほど私は万能的ではないと私は伝えていましたが，それでも彼女は集中的な治療を求めて，約1カ月間なんとかやってきました。私は，ウィニコットが報告したセッションの終わりに彼女が話したことと，ロンドンに帰る途中の地下鉄で嘔吐している乗客に遭遇したと彼女が私に語ったことがそっくりであることに驚きました。実際に，ウィニコットがかつて彼女に話したように，彼女はまるで何も食べていなかったようでした。この介入は，彼女を激怒させ，面接の途中で帰ってしまいました。

　結局，彼女は数年かけてだんだんと来なくなっていき，来る必要性をもはや感じなくなったという理由で，私と会うのを止めました。彼女は"すべての礼儀正しいイギリス人ならするように"，皮肉のようにクリスマスになると必ず私にポストカードを送ってきます。彼女はまだよく旅をしており，気分は以前より良くなってはいましたが，症状は完全に改善したわけではありま

せん。

＊　＊　＊

　逆説的にはなりますが，私自身のセッションよりも，ウィニコットの臨床素材にネガティブに関する私の考えがより多く示されています。あるいは，別の言い方をすれば，ウィニコットの提示したものに，それはよりはっきりと示されています。それには多くの理由があるでしょう。おそらく，ウィニコットとのセッションのときの方が，私とのときよりも，患者は混乱していたのだと思います。また，ウィニコットはネガティブに関する考えが脳裏にあって，その章を書いたのではないでしょうか。不幸にもそれを発展させる機会が持てなかったのでしょう。私自身は，約5年後に『ネガティブの作業』（1993a）という本を書きましたが，その本には，このセッションを用いませんでした。しかし，ウィニコットと私の双方のセッションにおいて，私はネガティブの正常な側面と病理的な側面を結びつけようと試みました。ウィニコットは，移行対象，最初の「自分でない」所有物，存在していて存在しない乳房のパラドックスなどの中で正常な側面を示しました。私の場合は，精神分析の基礎概念におけるネガティブの様子を示すためにその概念の再解釈に取り組みました。

　たとえば，無意識はネガティブとの関連を示唆しています。それが意識ではないという理由だけではなく，フロイトの記述によれば，自由連想の文脈において二つの意識的な表象の関係性について考えた時，それらの間の無意識的思考の存在，あるいは表象の存在を仮定せねばなりませんでした。ここにおいて，ネガティブは，状況の背後での潜在的な作動，活動しているけれども目に見えないものであるという考えに結びつけられます。皆さんは，ネガの存在が，その要素を通してポジを浮かび上がらせるという写真を思い起こされれば，意味することがおわかりになるでしょう。さらに，この明らかな例だけでなく，他の概念でも同様の構造が当てはまります。ここで，時には対象関係とは対立するとみなされる同一化について考えてみます。言い換えてより明確にすると，欲望に基づいたり，身体接触を伴ったりするあらゆる関係性の間には対立がありますが，私はそれをポジティブと呼ぶに値する

だろうと考えています。他方，同一化のようにこころの中で構築するものを除けば，接触を伴わない離れた関係で稼働するプロセスがあります。この同一化の場合には，そのプロセスがネガティブに属すると分類できます。ネガティブがごく一般的な概念の中でどのように示されているかという例がわずかですが存在します。

　私たちがこころに留めておかなければならないのは，フロイトの欲動論においては，精神装置には，縮小されるか抑圧されるかあるいは私が述べている「ネガティブ化」されねばならない過剰な何らかのものが常にあります。このことは，神経症が倒錯のネガであるというフロイトの主張に当てはまります。ウィニコットの論及は，彼が主に病理的な発達と同様に正常な発達にも起こる現象である分離に関心をもっていますから異なります。彼は主に対象を重視していますが，私は，欲動の存在という見地から状況を考えています。いずれにしても，（ラカンとウィニコットに共通している）不在についての論及は，存在しないもの，感覚を通してポジティブでなく知覚されるものとして，ネガティブと直接的に関連しています。

　正常な，ネガティブの「ポジティブ」な側面を説明しているもう一つの例をお示ししたいと思います。ウィニコット派の用語上の早期の母親－子どもの関係について考えると，抱えることが重要だと理解されます。分離が起こるとき，赤ん坊は一人残されます。母親の表象は，多くの代替物によって，中断させられ，置き換えられます。最も重大で重要なものは，抱えることにおける母親の腕と同様の，枠組み構造が取り入れられた構成です。この枠組み構造は，表象の不在に耐えることを可能にします。と言うのは，それが，ビオンの言うコンテイナーのように，心的空間を抱えるからです。枠組み構造がこころを「抱える」限り，陰性幻覚は，幻覚的願望充足あるいは空想によって置き換えることができます。しかし，赤ん坊が死の経験に直面した時には，その枠組みは代替となる表象を創り出せなくなり，ただ空虚さを抱えているだけとなります。このことは，対象あるいはあらゆる代替対象の非－存在を意味します。対象の陰性幻覚を克服することはできず，ネガティブは，代わりとなるポジティブな置き換えをもたらしません。対象の悪さや空想された破壊性ですら代替えとなる表象をもたらしません。それがこころ——す

なわち，表象に命を与える心の活動——であり，こころは，その枠組みにおいて破壊される脅威下にあります。傷ついた構造自体において，ここで脱統合をします。

　病理的な問題についての考えは，ウィニコットと私は大変似ています。たとえば，通常は攻撃や怒り，破壊といった用語で描写される耐え難い分離の結果が，非常に異なった方法で，耐え難い分離それ自体が示される，といったことに私たちは同じ考えを持っています。彼の言葉では「内的表象が薄れること」，私の言葉で言うなら，対象の破壊的なネガティブ幻覚が生じるということです。私たちは二人とも，ここで稼働している機制は脱備給だと考えています。ウィニコットは関係性のネガティブな側面について，「両親がそばにいないときには，子どもは緩徐に欠如を経験しなければならない」（1971b, p.21）と語っています。両親を活用できないときには，二つの異なる経験が呼び起こされます。一つは，泣き叫んだり，わめいたり，興奮した状態だったり，混乱だったりといったことを含む，悪い対象に対するあらゆる攻撃的感情です。そこでは，ネガティブはポジティブ，すなわち良いものの反対としての悪いものとしてみなされます。もう一つは，この活用可能性は対象がここにいないことと関係があります。皆さんは，私が不在という言葉を使用していないことにお気づきでしょう。不在という言葉には，存在が戻って来るという期待があるからです。それはまた喪失という言葉でもありません。喪失という語には，嘆き悲しまれるという意味も含むからです。この二つ目の例では，ネガティブの意味するところは，存在しないことや空虚さ，空っぽ，別の言い方では，空白です。これら二つの様相は区別されるべきです。ウィニコットの貢献は，このネガティブ，非−存在が，ある時点で，現実の(リアル)唯一のものになることを示したことです。その後に起こることは，たとえ対象が再び現れたとしても，依然として対象の真実味は，対象が非−存在であることと関連しているということです。対象が戻ってきても，その長すぎた不在の持つ悲惨な影響を癒すには十分ではありません。非−存在は，不在に先行していた対象の表象を消去したまま，こころを占めてしまいます。これは，少なくとも治療するまでは，撤回できない行程です。

　ここで述べられていることは，陰性治療反応を示す多くのケースに常に見

られます。これらの場合，事実，分析家も患者もセッションに周期的に存在していないのです。このような防衛は，その素材が重要なものに近づくたびに，動員されます。患者のこころは，分析家の解釈を留めておくことを止めてしまいます。解釈はすっかり消されてしまい，患者は，こころの中が真っ白で，なんの連想も生まれないと言います。分析的な作業は，しばらくの間麻痺します。フロイトの仕事は，倒錯のネガとしての神経症から始まり，陰性治療反応への「旅」だと言うことができます。私の考えでは，こうした患者のある側面がウィニコットによっては描かれていません。こうした患者らは，かなり強情で頑固でありながら，大変弱く，傷つきやすいという事実が浮かびます。そして，変化や新たな領域を探求することが不可能だという，隠された復讐の感情に駆り立てられています。彼らは，反復強迫に縛られているように思われます。関係性のこのすべての側面は，私が「**一次肛門性**primary anality（Green, 1993b）」と呼んできたものと関連します。それは，固着したナルシシスティックな側面のために，通常の肛門性愛anal eroticismとは区別されるものです。さきほどの患者と私とのセッションの最後に，トイレについての不安があることが示されました。それはウィニコットが十分な注意を払っていなかったと思われる，尿道と肛門への固着についての多くの証拠の一つです。ウィニコットは，おそらく対象と空間への観察に着目していて，それらの役割が彼の評価していない欲動に属していたものだったから注意を払わなかったのでしょう。はっきり申し上げて，私は，欲動を伴うこれらの側面についても，対象関係とともに互いに照らし合わせて考慮されるべきと思います。

　ウィニコットは，彼の最後の論文集の一つにおいて，私がここで示したいくつかの考えを発展させました。それらは，彼の論文を読み返してみて，彼の仕事を理解する上でも，読者にとっても，重要なものに思えます。私はここで「対象の使用」（1968）について話しますが，対象の絶滅が繰り返される中で，莫大な破壊を目撃することができます。そこにおいては，通常目にする攻撃性の特徴は失われています。

　ウィニコットの移行対象と移行現象の考えは，それそのもの以上のことを私に教えてくれます。対象について語るとき，私たちの（内的あるいは外的

な）存在する対象との関係性だけに限定すべきではなく，人間のこころが持続的に新しい対象を創造している力について考えるべきです。私はそれを「**対象化機能 objectalizing function**」（Green, 1984, 1995）と呼んでいます。

　私たちは，外側の世界との関係から対象を創り出すだけではなく，内的世界に対象を創り出す無限の能力を持っています。フロイトは，これをメランコリーの描写において理解しました。メランコリーでは，自我が失った対象に代わって，あるいは同一化において，自我自体を犠牲にします。フロイトは，自我がイドに語りかけるような対話を想像して，「どう，私を愛してもいいのよ。私，対象にそっくりでしょう」（Freud, 1923b, p.30）と言っています。そして，最終的に，昇華において私たちは新しい存在しない対象を創り出します。昇華のプロセスに携わる対象だけではなく，昇華そのものの活動も，昇華の対象です。画家では，女性の裸体だけではなく，描くことそのものも昇華の対象です。描くことは，描かれたものの表象を超えて共有された対象となります。それは，裸体でもあり，子どもの頃の経験というその起源でもあります。

　他方で，不正確かもしれませんが，死の本能と呼ばれてきたものは，「**脱対象化機能 disobjectalizing**」に基づいています。つまり対象がその特別な特徴や唯一無二であることを失うことによる措置であり，だれでもよい対象になってしまうことや，そもそも対象がなくなることです。レインコートのフェティシストは，そのレインコートを誰が着ているかということを気にしません。彼は，レインコートの死んだ要素に関心があるだけです。脱対象化の機能は，外的，内的あるいは移行的な対象の（ネガティブな）脱備給を当然必要とします。いわゆる死の本能は，自己－消滅することです。それは，攻撃性よりも無に関連しています。以前，ビオンは無－物 no-thing と無 nothing の区別をしました。

　さて，先史時代の表象に遡りましょう。これは，実際にはほとんどわからない母－赤ん坊の最早期の関係のような推測ではありません。証拠があります。先史時代の人間は洞窟の中で，絵画のようなものを描いています。それらは，フィンガーペイント，大きな乳房を持つ女性の表象，野生動物，マンモス，サイやライオンなどです。しかし，その洞窟の天井のある部分には，

他の描写がありました。それは，先史考古学者が「ネガティブな手」と呼んだものです。

　その手を表すために，先史時代人は二つの工夫をしています。最も単純なものは，手に色を塗って，壁に押し付け，その跡を直接残すことです。そして二つめは，より間接的で洗練されたものです。手そのものを描くのではありません。そうではなく，洞窟の壁に手を置いて，壁に顔料を散布して周囲にその顔料を広げます。そうして，手を壁から離すと，描かれていない手が現れます。こうしたものは，母親の身体からの身体的な分離に由来するものであるかのようです。先史時代の人は，ネガティブがどんなものであるかを私たちが知るのを待ってはくれませんでしたが。

文　献

Abram, J. (1996). The Language of Winnicott: A Dictionary of Winnicott's Use of Words (2nd edition). London: Karnac, 2007. 館直彦監訳(2006). ウィニコット用語辞典. 誠信書房.

Abram, J. (2012). On Winnicott's clinical innovations in the analysis of adults. International Journal of Psychoanalysis, 93: 1461–1473.

Abram, J. (2015). L'intégré paternel et son rôle dans la situation analytique. Journal de la Psychanalyse de L'enfant, 2 (5).

Anzieu, D. (1985). Le moi-peau. Paris: Dunod. [English edition: The Skin Ego. New Haven, CT: Yale University Press, 1989.]. 福田素子訳(1993). 皮膚－自我. 言叢社.

Benveniste, E. (1967). Problèmes de linguistique générale. Paris: Gallimard. [English edition: Problems in General Linguistics. Coral Gables, FL: University of Miami Press, 1974.]

Bion, W. R. (1959). Attacks on linking. In: Second Thoughts. London: Heinemann, 1967 [reprinted London: Karnac, 1987]. 松木邦裕監訳(2007). 連結することへの攻撃. 再考——精神病の精神分析論. 金剛出版.

Bollas, C. (1989). Forces of Destiny. London: Free Association Books. Davis, M. (1985). Destruction as an achievement in the work of Winnicott. In: Winnicott Studies, No. 7. London: Karnac, 1993.

Davis, M., & Wallbridge, D. (1981). Boundary and Space: An Introduction to the Work of D. W. Winnicott. Harmondsworth: Penguin, 1983 [reprinted London: Karnac, 1999].

Freud, S. (1911b). Formulations on the two principles of mental functioning. S.E. 12. 高田珠樹訳(2009). 心的生起の二原理に関する定式. フロイト全集11. 岩波書店.

Freud, S. (1915c). Instincts and their vicissitudes. S.E. 14. 新宮一成訳(2010). 欲動と欲動運命. フロイト全集14. 岩波書店.

Freud, S. (1917d [1915]). A metapsychological supplement to the theory of dreams. S.E. 14. 新宮一成訳(2010). 夢学説へのメタサイコロジー的補遺. フロイト全集14. 岩波書店.

Freud, S. (1918b). From the history of an infantile neurosis. S.E. 17. 須藤訓任訳(2010)ある幼児期神経症の病歴より「狼男」. フロイト全集14. 岩波書店.

Freud, S. (1920g). Beyond the Pleasure Principle. S.E. 18. 須藤訓任訳(2006). 快原理の彼岸. フロイト全集17. 岩波書店.

Freud, S. (1923b). The Ego and the Id. S.E. 19. 道籏泰三訳(2007). 自我とエス. フロイト全集18. 岩波書店.

Freud, S. (1925h). Negation. S.E. 19. 石田雄一訳(2010). 否定. フロイト全集19. 岩波書店.

Freud, S. (1937d). Constructions in analysis. S.E. 23. 渡邉俊之訳(2011). 分析における構

築. フロイト全集21. 岩波書店.

Freud, S. (1940a [1938]). An Outline of Psycho-Analysis. S.E. 23. 津田均訳(2007)精神分析概説. フロイト全集22. 岩波書店.

Freud, S. (1940b [1938]). Some elementary lessons in psychoanalysis. S.E. 23. 新宮一成訳 (2007). 精神分析初歩教程. フロイト全集22. 岩波書店.

Freud, S. (1940e [1938]). Splitting of the ego in the process of defence. S.E. 23. 津田均訳 (2007). 防衛過程における自我分裂. フロイト全集22. 岩波書店.

Gabbard, G. O. (1997). A reconsideration of objectivity in the analyst. International Journal of Psychoanalysis, 78: 15–28.

Green, A. (1972). Note sur les processus tertiaires. Revue Française de Psychanalyse, 36.

Green, A. (1975). The analyst, symbolisation and absence in the analytic setting. International Journal of Psychoanalysis, 56: 1–22. Also in: On Private Madness. London: Hogarth Press, 1986 [reprinted London: Karnac, 1997].

Green, A. (1983). La mère morte. In: Narcissisme de vie, narcissisme de mort (pp. 222–253). Paris: Edition Minuit. [English edition: The dead mother. In: On Private Madness. London: Hogarth Press, 1986.]

Green, A. (1984). Pulsion de mort, narcissisme négatif, fonction désobjectalisante. In: Le travail du négatif (pp. 49–59). Paris: Editions de Minuit, 1993.

Green, A. (1986). On Private Madness. London: Hogarth Press [reprinted London: Karnac 1997].

Green, A. (1993a). Le travail du négatif. Paris: Editions de Minuit. [English edition: The Work of the Negative, tr. A. Weller. London & New York: Free Association Books 1999.]

Green, A. (1993b). L'analité primaire dans la relation anale. In: La névrose obsessionelle (pp. 61–86). Paris: Monographies de la Revue Française de Psychanalyse, ed. B Brusset & C. Couvreur. Paris: Presses Universitaires de France.

Green, A. (1995). L'objet et la fonction objectalisante. In: Propédeutique (pp. 229–266) Paris: Editions Champvallon.

Green, A. (1999). The Fabric of Affect in the Psychoanalytic Discourse. London: Routledge

Green, A. (2005). Jouer avec Winnicott. Paris: Presses Universitaires de France, 2011.

Heimann, P. (1989). About Children and Children-No-Longer: Collected Papers, 1942–80 ed. M. Tonnesmann. London: Tavistock.

Kohen, G. (Ed.) (1999). The Dead Mother: The Work of André Green. New Library o Psychoanalysis. London: Routledge.

Lacan, J. (1955). The Seminar of Jacques Lacan, Book III: The Psychoses 1955–1956, trans R. Grigg; ed. J.-A. Miller. New York: Norton. 小出浩之・鈴木國文・川津芳照・笠原嘉訳 (1987). ジャック・ラカン 精神病 上・下. 岩波書店.

Lacan, J. (1956–57). Le séminaire. Livre IV. Le relation d'objet, ed. J.-A. Miller. Paris Éditions du Seuil, 1994. 小出浩之・鈴木國文・菅原誠一訳(2006). ジャック・ラカン 対象 関係 対象関係 上・下. 岩波書店.

Lalonde, A. (Ed.) (1968). Vocabulaire technique et critique de la philosophie. Paris: Presse Universitaires de France.

Newman, A. (1995). Non-compliance in Winnicott's Words. London: Free Association Books.

Ogden, T. (1994a). The analytic third: Working with intersubjective clinical facts. International Journal of Psychoanalysis, 75: 3–19.

Ogden, T. (1994b). Subjects of Analysis. New York: Jason Aronson. 和田秀樹訳(1996). あいだの空間. 新評論.

Peirce, C. S. (1931). Collected Papers, Vols. I–VIII, ed. by C. Hartshore & P. Weiss. Cambridge, MA: Harvard University Press.

Perelberg, R. J. (2012). Life and Death of the Dead Father: André Green Obituary. Available at: http://www.rosineperelberg.com/index.cfm?id=69848

Phillips, A. (1988). Winnicott. London: Fontana.

Sandler, J. (1976a). Countertransference and role responsiveness. International Review of PsychoAnalysis, 3: 43–47.

Sandler, J. (1976b). Dreams, unconscious phantasies, and "identity of perception". International Review of Psychoanalysis, 3: 33–42.

Winnicott, D. W. (1945). Primitive emotional development. In: Through Paediatrics to Psycho-Analysis. London: Karnac. 北山修監訳(2005). 原初の情緒発達. 小児医学から精神分析へ. 岩崎学術出版社.

Winnicott, D. W. (1951). Transitional objects and transitional phenomena. International Journal of Psychoanalysis, 34 (1953): 89. In: Collected Papers: Through Paediatrics to Psychoanalysis (pp. 229–242). London: Tavistock, 1958 [reprinted as Through Paediatrics to Psychoanalysis. London: Hogarth Press and the Institute of Psychoanalysis, 1975; reprinted London: Karnac, 1992]. Extended version in: Playing and Reality (pp. 1–25). London: Tavistock, 1971. 北山修監訳(2005). 移行対象と移行現象. 小児医学から精神分析へ. 岩崎学術出版社. 橋本雅雄・大矢泰士訳(2015). 移行対象と移行現象(拡張版). 改訂遊ぶことと現実. 岩崎学術出版社.

Winnicott, D. W. (1957). The mother's contribution to society. In: Home Is Where We Start From (pp. 123–127). London: Penguin, 1986. 牛島定信監訳(1999). 母親の社会への貢献. 家庭から社会へ. 岩崎学術出版社.

Winnicott, D. W. (1960). String: A technique of communication. Journal of Child Psychology and Psychiatry, 1: 229–242. In: The Maturational Processes and the Facilitating Environment (pp. 153–157). London: Hogarth Press & The Institute of Psychoanalysis, 1965; New York: International Universities Press, 1965 [reprinted London: Karnac, 1990].

Winnicott, D. W. (1962). Ego integration in child development. In: The Maturational Processes and the Facilitating Environment (pp. 56–63). London: Hogarth Press & The Institute of Psychoanalysis, 1965; New York: International Universities Press, 1965 [reprinted London: Karnac, 1990]. 牛島定信訳(1977). 子どもの情緒発達における自我の統合. 情緒発達の精神分析理論. 岩崎学術出版社.

Winnicott, D. W. (1963). Communicating and not communicating leading to a study of certain opposites. In: The Maturational Processes and the Facilitating Environment (pp. 179–192). London: Hogarth Press & The Institute of Psychoanalysis, 1965; New York:

International Universities Press, 1965 [reprinted London: Karnac, 1990]. 牛島定信訳 (1977). 交流することと交流しないこと. 情緒発達の精神分析理論. 岩崎学術出版社.

Winnicott, D. W. (1965). The Maturational Processes and the Facilitating Environment. London: Hogarth Press & The Institute of Psychoanalysis; New York: International Universities Press [reprinted London: Karnac, 1990]. 牛島定信訳(1977). 情緒発達の精神分析理論. 岩崎学術出版社.

Winnicott, D. W. (1968). On the use of an object and relating through identifications. International Journal of Psychoanalysis, 50 (1969): 711. In: Psycho-Analytic Explorations (pp. 218–228), ed. C. Winnicott, R. Shepherd, & M. Davis. London: Karnac, 1989; Cambridge, MA: Harvard University Press, 1989. 橋本雅雄・大矢泰士訳 (2015). 対象の使用と同一化を通して関係すること. 改訂遊ぶことと現実. 岩崎学術出版社.

Winnicott, D. W. (1969). The use of an object in the context of Moses and Monotheism. In: PsychoAnalytic Explorations (pp. 240–246), ed. C. Winnicott, R. Shepherd, & M. Davis. London: Karnac, 1989; Cambridge, MA: Harvard University Press, 1989.

Winnicott, D. W. (1971a). Mirror-role of mother and family in child development. In: Playing and Reality. London: Tavistock. 橋本雅雄・大矢泰士訳(2015). 子どもの発達における母親と家族の鏡－役割. 改訂遊ぶことと現実. 岩崎学術出版社.

Winnicott, D. W. (1971b). Playing and Reality. London: Tavistock. 橋本雅雄・大矢泰士訳 (2015). 改訂遊ぶことと現実. 岩崎学術出版社.

Winnicott, D. W. (1971c). Therapeutic Consultations in Child Psychiatry. London: Hogarth Press and the Institute of Psychoanalysis. 橋本雅雄・大矢泰士訳(2011). 新版子どもの治療相談面接. 岩崎学術出版社.

Winnicott, D. W. (1975). Through Paediatrics to Psychoanalysis. London: Hogarth Press and the Institute of Psychoanalysis [reprinted London: Karnac, 1992]. 北山修監訳(2005). 小児医学から精神分析へ. 岩崎学術出版社.

Winnicott, D. W. (1986a). The child in the family group. In: Home Is Where We Start From. London: Penguin. 牛島定信監訳(1999). 家族の中の子ども. 家庭から社会へ. 岩崎学術出版社.

Winnicott, D. W. (1986b). Home Is Where We Start From. London: Penguin. Winnicott, D. W. (1988). Human Nature. London: Free Association Books. 牛島定信監訳(1999). 家庭から社会へ. 岩崎学術出版社.

Winnicott, D. W. (1989). Psycho-Analytic Explorations, ed. C. Winnicott, R. Shepherd, & M. Davis. London: Karnac; Cambridge, MA: Harvard University Press. 館直彦・北山修・牛島定信監訳(2001, 1998, 1998). 精神分析的探究1・2・3. 岩崎学術出版社.

Wulf, E. (1946). Fetishism and object choice in early childhood. Psychoanalytic Quarterly, 15: 450–471.

訳者あとがき

　小雨の降る肌寒い6月，私はA.グリーンのオフィスの呼び鈴を押した。あれから四半世紀の月日が経っている。手動の蛇腹式エレベーターはガタガタという音を立てていたが，私の心臓もその音に呼応して緊張の極致だった。できれば，彼の分析を受けたい思いがあったが，にこやかな口元に反してグリーンの目は鋭く，私はしどろもどろだったことを記憶している。当時私は，パリで摂食障害の治療について学んでいた。日本の精神分析協会の候補生として登録されてはいたが，ちょうどアムステルダムショックの直後でもあり，協会の書記であった小此木啓吾先生から，協会に残って分析の研鑽をするか否かの決定を迫られている時期でもあった。週三回のセッションを基準とするフランスと週四回のセッションを必要とするIPA（国際精神分析学会）の基準とが異なることを，グリーンは丁寧に説明してくれた。そして，フランスでの分析を希望してきている人が特に東欧から増えているが，IPA基準との相違で問題となっていること，そして分析は何年もかかるのだからとやんわりと断られたのだった。グリーンとの分析は叶わなかったが，無謀にも申し出た翻訳に了解してはくれた。そのときは，「narcissisme de vie naricissisme de mort」を是非訳したいと思っていたのだが，私の能力が及ばないままに時は流れた。

　A.グリーンは，エジプトのカイロ出身のユダヤ人で，パリ大学にて医学を学び，精神科医としてサンタンヌなどいくつかの病院勤務をしつつ，精神分析を学んだ人である。多くの論文と30冊以上の著作を著しており，理論的にも臨床的にも優れた分析家である。その論考には，本書でも講義されている第三性，ネガティブのほか，デッドマザー，陰性幻覚，ナルシシズムとボーダーラインステイトなどがある。デッドマザーの理論は，彼が2歳のときに母親がうつ病を患ったという個人的体験にも結び付いたものだったと回想し

ている。哲学を学びたいと思っていたが，14歳のときに父親を亡くしたため，経済的理由で断念せざるを得ず，医学の道を選んだとのことだ。母親が彼を懐妊したとき，グリーン一家は14歳違いの姉の病気療養のためにフランスと行き来をする生活を送っていたこともあって，彼にとってフランスが特別の意味あるものとなっていたと彼は語っている。当初，生物学的精神医学を目指し，H.エーに学び，エーを"真の父親像"として尊敬していたが，次第に精神医学からは離れていった。後にはM,ブーベ（逝去により中断！），J.マレ，C.パラと3人から分析を受け，1961年から7年間に渡り，ラカンのセミナーに参加しつつも，同時並行して，英国の精神分析セミナーにも参加していたとのことである。そうしてラカンと英国の精神分析理論の両方の影響を受けた。グリーンはラカンの理論に敬意を払いつつも批判的検討を行い，1967年にラカンと袂を分かってからは，ウィニコットやビオン（陰ながら父親像に重なっていたと言う）の考えを詳細に検討理解しつつ，彼独自の分析理論を展開している。個人のメタサイコロジー理解，欲動論を基本に置いているため，フロイト学派とされるが，一方で，その臨床姿勢は分析空間における二人の関係性に注目するゆえに，対象関係論学派として紹介されることもある。1975年から1977年まで国際精神分析学会の副会長を務めた。

　J.アブラムが福岡でのセミナーを行ったとき，私は指定討論を担当させてもらい，そのご縁でアブラム編集の「André Green at The Squiggle Foundation」をいただいた。私は是非日本語にしたいと意気込んで翻訳に臨んだ。グリーンとの二者関係ではなく，アブラムという第三者の橋渡しによって，昔年の思いが少しは果たせるように思ったものだ。そして，同僚の石橋大樹とともにグリーンの講演録と格闘し，ここにようやく日の目を見ることができた。講演録であることから，できるだけグリーンの声が聞こえるようにと訳を試みた。

　翻訳にあたっては，既に訳されているフロイトの著作，ウィニコットの著作，ウィニコット事典，フロイト－ラカン事典，パースに関する著作を引用，参照させていただいた。グリーンが使い分けている語彙を重視したいと思い，定訳として周知されていないものは，psych精神，mindこころ，mental心とし，instinct本能，drive欲動もそのままに訳した。福井敏先生，堀川聡司先

生，加茂聡子先生には，租訳に目を通していただき，多大なるご指摘を賜った。Jan. Oda-Biro女史には英語理解を助けていただいた。この場を借りて皆さまに心より感謝申し上げる。むろん，訳出の稚拙な責任は訳者にある。忌憚のないご批判やご教示をいただければ幸いである。

金剛出版の立石正信氏には，本書の出版をお引き受けいただいたばかりか，約束の期日をすっかり超えてしまったのを忍耐強く待っていただいた。いつもながら，恐縮する思いと感謝の念に堪えない。

最後に，私のフランス留学を精神的にも経済的にも援助してくれた亡き両親にこの翻訳書を捧げたい。周囲の方々の協力を得てグリーンとの邂逅を果たすことができたことをこの上なく幸せに思っている。

コロナ禍にあっても，変わりなき季節の移ろいを感じつつ

鈴木智美

索　引

訳者略歴

鈴木智美 (すずき ともみ)

1959年東京都生まれ。福岡大学医学部卒，同大学院精神分析学専攻修了。精神分析家。パ
リモンスリ共済研究所，パリXI大学に留学。福岡大学病院精神科講師を経て，現在は可也
病院に勤務。個人オフィスにて分析を実践している。

著訳書に「現代精神分析基礎講座」(分担執筆，共同編集，金剛出版)，「摂食障害の精神分析
的アプローチ」(分担執筆，共同編集，金剛出版)，「パーソナリティ障害の精神分析的アプロー
チ」(分担執筆，金剛出版)，「摂食障害との出会いと挑戦」(鼎談 岩崎学術出版社)，「現代フロ
イト読本1」(分担執筆，みすず書房)，「メラニー・クライン トゥデイ③」(スピリウス編，共
訳，岩崎学術出版社)，「拒食症の手引き」(アグマン，ゴルジュ著，訳，岩崎学術出版社)などが
ある。

石橋大樹 (いしばし ひろき)

1976年大阪生まれ，福岡，熊本育ち。久留米大学文学部卒，同大学院前期博士課程修了，
九州大学大学院後期博士課程単位取得退学。臨床心理士，公認心理師，博士 (心理学)。現
在は可也病院に勤務。

訳書に「自閉症世界の探求」(メルツァーら著，共訳，金剛出版)。

アンドレ・グリーン・レクチャー
ウィニコットと遊ぶ

2021年 5 月 1 日　印刷
2021年 5 月 10 日　発行

著者 ——— アンドレ・グリーン
編者 ——— ジャン・アブラム
訳者 ——— 鈴木智美
　　　　　石橋大樹
発行者 —— 立石正信
発行所 —— 株式会社 金剛出版
　　　　　〒112-0005 東京都文京区水道1-5-16　電話 03-3815-6661　振替 00120-6-34848

印刷◉新津印刷　　製本◉誠製本

ISBN978-4-7724-1826-3 C3011　　©2021 Printed in Japan

現代精神分析基礎講座

[第1巻] 精神分析の基礎
[第4巻] 精神分析学派の紹介2
——自我心理学, 自己心理学, 関係学派, 応用精神分析

[編者代表]＝古賀靖彦
[編]＝日本精神分析協会 精神分析インスティテュート福岡支部

A5判　並製　定価 4,180円

1996年から始まり今も続いている
精神分析インスティテュート福岡支部主催の精神分析セミナーを基に
それらの講演をまとめたものである。

自閉症世界の探求

精神分析的研究より

[著]＝ドナルド・メルツァー　ジョン・ブレンナー ほか
[監訳]＝平井正三
[訳]＝賀来博光　西見奈子

A5判　上製　288頁　定価 4,180円

本書はメルツァーの自閉症臨床研究の成果である。
これらは精神分析や自閉症の理解においても,
重要な研究結果となるであろう。

ピグル

ある少女の精神分析的治療の記録

[著]＝ドナルド・W・ウィニコット
[監訳]＝妙木浩之

B6判　並製　304頁　定価 3,520円

児童分析の大家ウィニコットによる,
ピグルというニックネームをもつ少女の
2歳半から5歳2カ月までの
心理療法記録の全貌。

価格は10%税込です。